M. Crosby

D1622469

LO QUE SE HEREDA NO SE HURTA
(ensayos de crítica literaria feminista)

LO QUE SE HEREDA NO SE HURTA
(ensayos de crítica literaria feminista)

© Eliana Ortega
Inscripción Nº 96.087
I.S.B.N. 956.260.083-1

EDITORIAL CUARTO PROPIO
Keller 1175, Providencia, Santiago de Chile
Fonos: 2047645-Fono/Fax: 2047622
Diseño portada: Paz Rojas
Ilustración portada: "Higuera". Daniela Montecinos

IMPRESO EN CHILE / PRINTED IN CHILE
Mayo 1996

ELIANA ORTEGA

LO QUE SE HEREDA NO SE HURTA

(ensayos de crítica literaria feminista)

EDITORIAL CUARTO PROPIO

A mi familia,
la de Chile
y la de
Massachusetts.

INDICE

PROLOGO

Este libro es el resultado de quince años en el ejercicio de la crítica literaria feminista. Es una recopilación de ensayos, presentaciones de libros y artículos sobre la producción literaria de mujeres de diversa procedencia. Breves notas al pie de página indican las primeras apariciones de algunos de los escritos.

El libro está dividido en tres partes: Raíz, Ramazón Norte y Ramaje Sur, que en su conjunto esbozan una genealogía de escritoras (la genealogía en la que yo me reconozco); las partes van dando cuenta de mi propio proceso de lectura y escritura, de mis propios intereses, posturas y preferencias, que han ido cambiando en los diferentes lugares y tiempos en que me he encontrado estudiando la producción literaria de las mujeres.

Al dar cuenta de este proceso escritural puedo constatar mis contradicciones, mis obsesiones, mis pasiones, mis repeticiones, mis avances y retrocesos, mis ataduras y libertades. Después de todo, hace años que adquirí el hábito de la libertad y el valor de escribir lo que pienso. Al ver estos textos reunidos, puedo constatar que con algunos de ellos aún concuerdo; con otros, ya no. Sin embargo, los discordantes están en el libro, porque la selección ha sido hecha considerando la importancia que ha tenido para mí la obra de las escritoras estudiadas, en mi propia formación crítica, en la adquisición del hábito de la libertad. He tratado de entender lo que es único en cada una de ellas: las fuentes de su poder, su imaginación creadora, su estilo, su intelectualidad, su postura estética-ideológica, su sabiduría, los temas que las preocupan. También he tratado de indicar las dificultades de inscripción de sus obras, la dificultad que cada una enfrenta al expresar su diferencia y los riesgos que han tomado para hacerlo. En fin, he tratado de mostrar las etapas del desarrollo de un corpus literario de mujeres que ha alterado el mapa de la literatura y que ha cambiado el modo de pensarla.

*"En mí crece un rumor lento como el árbol
cuando madura un fruto".*

Rosario Castellanos

*"...esta herencia
que me deja la estirpe".*

Mayra Santos Febres

"Escribimos nuestras lecturas".

Roland Barthes

"Quizás la duda, que es lo único
que nos permite ecuanimidad".

Griselda Gambaro

¿Importará la crítica literaria feminista, en esta era que parece clausurar la historia y la utopía, según rezan los discursos dominantes? ¿Importará en un continente latinoamericano económicamente pobre? ¿Con qué puede contribuir una crítica feminista, fuera de compartir su experiencia histórica? (en una época que se dice apolítica pero al fin, época gobernada por una ideología dominante: la de la economía de libre mercado). ¿Qué función podrá tener? ¿Hacer oír "la voz anticolonial" y arriesgar ser catalogada de "demodé"? Esas y otras preguntas quedarán planteadas en el presente ensayo, a modo de introducción a este libro hecho de escrituras de mujeres diversas. Libro que en ningún momento pretende contestar las preguntas con verdades absolutas, sino que más bien intenta esbozar un discurso que se quiere indagador y provisorio.

Muchas veces me he sentido llamada a explicar el porqué practico la escritura feminista, el porqué la nombro insistentemente y privilegio las producciones culturales de las mujeres. Dos de mis amigas poetas, hace un par de años atrás, en un bar de la Plaza Italia, me preguntaron: ¿por qué privilegias la lectura de las mujeres? Les respondo que, a primera vista, parece muy simple contestarles: lo hago para explicitar el deseo de valorar a las mujeres como sujetos pensantes, sujetos escriturales; luego está el deseo de ofrecer otra perspectiva del mundo en que vivimos, perspectiva hasta hace muy poco bastante silenciada y hasta hoy resistida. Me centro pues, en la escritura de las mujeres, ahora. Después de años de estudiar la literatura de los varones, emprendí esta aventura, para hacer notar que han sido las mujeres principalmente, quienes me han enseñado que el lenguaje tiene mucho más que decir, de lo que a primera vista esperamos de él. Además quiero recordar que los cuerpos no son neutrales, que nuestra sexualidad aflora de manera diferente en los textos. Se signa, se re-signa entonces, porque "el cuerpo no miente", como nos señalaba hace años ya, Adrienne Rich.

Palabras resistentes y mucha reflexión al respecto han aportado con sus textos las escritoras latinoamericanas; en 1987, en el Congreso de Literatura Femenina realizado en Santiago, Diamela Eltit se refería a la producción de textos escritos por mujeres y a la emergencia de un discurso femenino en Chile, señalando su significado: "interrogar a la cultura y a los soportes culturales, al apretado tejido que va formando una determinada historia literaria"[1].

Si bien es cierto que la literatura latinoamericana producida tanto por hombres como por mujeres, ha sido una de liberación de las ataduras coloniales, el gesto de algunas mujeres, como el de Eltit, me indican un doble gesto libertario, una osadía doble; por su parte hay algunas escritoras como Fariña, Santos Febres, Bellessi, Vicuña, Castillo, Esteves, (por nombrar sólo a algunas de las poetas contemporáneas que he estudiado más) que llevan su gesto de afirmación de nuestra realidad latinoamericana un paso más adelante, para reconectarnos con culturas previas a la invasora en este territorio americano; en sus textos ellas tratan de recuperar algunos sentidos soterrados, estudiando las culturas precolombinas, recorriendo sus tierras, poniendo oído atento a la oralidad de las diversas lenguas entremezcladas, sintiendo los ritmos de sus entornos naturales; en su palabra poética ellas nos remiten a una realidad y a una espiritualidad recuperables en la poesía; nos conectan por lo demás, con una realidad que subsiste y co-existe con el mundo occidental desacralizado de fines del siglo veinte.

Después de todo, amigas, escribo desde una parada feminista para explicarme el continente americano desde las miradas, diversas por cierto, de las mujeres, para explicarme el yo-tú-ellas. También para entender el pensar inspirado en los propios modos de vida, transformando la relación de dominio en que nos encontramos, o por lo menos tratando de transformarla, en una palabra dialogante, que aunque conformada de lógicas diferentes, y tal vez por eso mismo, es palabra que deja irrumpir la libertad residual de la "América profunda"[2]. Espero de esta manera, contribuir a que nos constituyamos en nuestra pluralidad, en nuestra multiplicidad de identidades. Y no por medio de un discurso dominante único, unívoco, como es el de la razón totalizadora hasta hace muy poco hegemónica, y que amenaza nuevamente con imponerse: a veces solapadamente, otras, sin pudores de ninguna especie. Asumo la escritura como: "La articulación social de la diferencia desde la perspectiva de las minorías... una compleja y continua negociación que busca autorizar la hibridez cultural que emerge en los momentos de transformación histórica"[3]. En ese contexto y marco teórico lo que deviene importante es cuestionar todo lo que me preguntaba en un comienzo y constatar que: "El tiempo de la liberación es, como Fanon lo evocara poderosamente, un tiempo de incertidumbre cultural, y más crucialmente, uno de indecisa representación significatoria"[4]. ¿Y por qué no volver al pensamiento de los sesenta, si es esclarecedor, si contiene preguntas claves para entender nuestro quehacer literario? –como por ejemplo– ¿qué significa hacer crítica? ¿qué se juega en el ejercicio de ese "poder"?

Como no puedo negar mi historia, ya que de los sesenta provengo, es que en el 87 me preguntaba cuál era la función de la crítica feminista y más específicamente de la crítica feminista escrita por mujeres latinoamericanas. Aún me lo pregunto e intento algunas respuestas: pienso, por ejemplo, que después de más de 15 años de prácticas feministas en este país, surge en sus discursos una primera función: la de autorizar (darles autoridad/poder) a las mujeres, con la fuerza de sus historias y de sus interpretaciones, dándole lugar a estas perspectivas diferentes. Ante esa afirmación, inmediatamente surge una inquietud, que Elena Aguila explicita citando a Barthes: ¿cómo autorizar, sin caer en el discurso de la arrogancia?[5] Dejo la pregunta latente, por el momento, aunque me parece de vital importancia recordarla, ya que veo alarmada, cómo se van constituyendo nuevos cánones, que en su selección excluyen y silencian a muchas escritoras que merecen ser leídas y apreciadas.

En medio de este proceso, en estos últimos años, a algunas feministas se nos ha hecho necesario establecer el concepto de territorialidad, es decir, nombrar el lugar desde donde se nos hace posible teorizar, construir, modificar y hacer que la experiencia femenina comparezca; en ese construir/se, entiendo la experiencia como un proceso, por medio del cual se construye un sujeto (se toma una determinada posición de sujeto). Entiendo también, la toma de posición de un sujeto, como una construcción socio-cultural constante, desde donde dicho sujeto interactúa con el mundo. Esta territorialidad, este lugar desde donde se articula la experiencia de las mujeres, ha sido para mí la crítica literaria feminista y la docencia. Primero en la academia norteamericana, muy vinculada a los Estudios Latinoamericanos y a los Programas de Estudios de la Mujer de Mount Holyoke College, y del Five Colleges Inc., en Massachusetts, a partir de 1971; eran los años de auge de una práctica feminista "tercermundista" en el movimiento de mujeres en U.S.A. y de plano en toda la academia norteamericana. A mi retorno a Chile en 1987, en un principio escribí desde un territorio compartido con aquéllas que participamos en la experiencia colectiva de lectura, del "Taller Lecturas de Mujeres" de La Morada;[6] hoy, con la vuelta a la "democracia", en que se atomizan los programas alternativos y las instituciones que los acogían, y las ONG se desintegran bajo la dictadura del libre mercado, mi territorialidad es un espacio sustentado por mi historia personal/profesional, constituida por una estirpe que he heredado y que me sustenta; espacio que denomino de "independent scholar", compartido con todas aquéllas que hacemos crítica al margen del poder institucional.

¿Por qué interesa delimitar territorios a estas alturas? Para distinguir quién es quién, en el turbulento y viscoso panorama cultural contemporáneo, en que se confunde reflexión seria y responsable de los procesos históricos que nos ha tocado vivir, con el oportunismo de una crítica liviana a tono con el mandato mercantil actual. Es por eso que se hace necesario expresar la función y el territorio desde donde se piensa/escribe; no sólo por el carácter transgresor de esta crítica feminista, sino por la constante tendencia a interferirla y/o negarla. Algo de esa interferencia empezamos a percibir cuando llegó la anhelada democracia a Chile. La reacción patriarcal no se hizo esperar, como se puede atestiguar en la prensa de esos primeros años de "libertad periodística"; notamos entonces una intensificación de la histórica misoginia de alguna crítica en nuestros precarios espacios de opinión pública.

Ahora bien, si miramos lo que ha sucedido en otras partes del mundo con la crítica feminista podemos aprender de otras experiencias que nos llevan cierta delantera en estas lides político-culturales. Al ser integrada la crítica feminista a ciertos espacios de poder (la academia, por ejemplo) parece haber sido solapadamente sofocada dentro de dichas instituciones, en la mayoría de los casos en aquellas instituciones donde no hay un Centro de Estudios Feministas vigoroso. Cuando la crítica feminista se acomoda, aunque sea en forma incómoda, dentro de algunas disciplinas académicas, cuando "se la empuja y fuerza dentro de los bolsillos de la economía"[7], como bien denuncia Teresa de Lauretis, se hace imperiosa la necesidad de evaluar el papel político/intelectual de los estudios feministas en cuanto a la producción, reproducción y transformación de los discursos sociales y del conocimiento. Que los estudios feministas han reconstituido a las mujeres como sujetos sociales y culturales no me cabe duda, pero ¿hasta qué punto esos conocimientos y esos marcos epistemológicos han redefinido lo que se considera *el* conocimiento? ¿Y de qué forma han resistido los cánones establecidos por la cultura patriarcal dominante? Hace poco que tenemos Estudios Feministas como programas en nuestras universidades chilenas, pero desde los centros del poder, llámese Academia, Gobierno, Crítica Hegemónica, *la* literatura, ¿se perciben estos estudios como válidos? ¿se reconoce tan siquiera su existencia? "Juntas debemos estar en todas partes", nos advierte Anette Kolodny[8], en un artículo importantísimo para entender la función de la crítica feminista, dentro y fuera de las universidades. Ella afirma que llegar a adquirir una teoría sofisticada sobre los mecanismos de operación de las jerarquías de género, clase y raza, y de cómo estas categorías estructuran tanto el conocimiento como las instituciones culturales, significa adquirir la responsabilidad de actuar en esos espacios para desmantelar las inequidades institucionales. Y "agárrate Catalina", porque si no galopamos, a veces, las embestidas te harán dudar: no, de si puedes o no hacer crítica feminista, pero sí, de si puedes vivir y sobrevivir al escribirla, para decirlo en palabras de Kolodny. De todas maneras, si el llegar a ser una crítica respetable significa tener que olvidarme de esa responsabilidad política, no valdría la pena escribir.

Y aquí estamos: "afuera/adentro", en una doble y tensa ubicación, porque nuestro compromiso teórico con la diversidad, significa estar en la cotidianeidad callejera, en el aula, en la biblioteca, en el taller de toma de conciencia (sí, hoy, en 1996, todavía me resultan atractivos esos espacios de aprendizaje mutuo) y en las universidades; leyendo revistas feministas de diversas disciplinas, leyendo los trabajos de unas y de otras; leyendo a consagradas y a desconocidas, a viejas y a jóvenes, a poetas y a novelistas, a poetas populares y a las "cultas", a mestizas e indígenas, a blancas y a negras, a heterosexuales y a lesbianas, porque todas, todas aportan a nuestra historia, porque me parece imposible separar los textos literarios, así como los actos literarios, de la historia.

Hace algunos años Gayatri Spivak nos preguntaba: al estar fuera de las instituciones de poder, pero en cierta medida por nuestra historia y producción, al estar en ese dentro/fuera, al interactuar, o al actuar al borde de las instituciones de poder, ¿quedamos mejor ubicadas para poder percibir más nítidamente cómo y cuánto hemos resistido, y percibir el cómo se lee esta resistencia? También surgen preguntas para que contestemos nosotras, ya que hoy en día queda claro que no se puede aceptar el que haya *un* discurso feminista políticamente correcto, porque hoy ha quedado explicitada la diversidad y complejidad, los cruces de las diferentes posturas feministas. Entonces, podemos partir preguntándonos: ¿a quiénes expresan los discursos feministas? ¿Serán opresivos para algunas mujeres? ¿Qué los hace feministas? ¿Cómo se implican con los discursos institucionales? ¿Cómo son reemplazados por los discursos de moda o dominantes, como los "cultural studies" tan en boga, por ejemplo? ¿Elitismo, clasismo, racismo, discriminación por preferencias sexuales, por diferencia de edades (o jóvenes inexpertas o viejas poco interesantes), persisten en los discursos feministas? (¿Por qué no considerar la difícil relación entre la investigación feminista y el componente activista del movimiento de mujeres?) Esta última pregunta se resume muchas veces en una falsa división entre práctica y teoría: y hoy en día, en Chile, entre una teoría legitimada por el Poder institucional, y una práctica devaluada por una política que se dice democrática y que desconoce o hace oídos sordos a la existencia o vigencia de los movimientos sociales. Síntomas todos tal vez, de estructuras político-sociales que mantienen estructuras binarias internalizadas por siglos de cultura patriarcal y que aún tenemos que desconstruir en nuestras relaciones no sólo con los varones, sino entre mujeres. Estos desencuentros entre políticas y teóricas nos incomodan sobremanera, porque evidencian que la "sororidad" pudiera ser poderosa, pero es dificilísima de construir en un orden social con instituciones que se resisten a los cambios culturales. Otra función de la crítica feminista entonces, sería no sólo resistir la interferencia vertical, sino la horizontal también, y para eso es necesario practicar una auto-crítica constante al leernos, hablarnos y escucharnos unas a otras; de esa manera se verá lo difícil que es esa práctica, más aún en un país en que el disentir no es muy bien tolerado. Sería sin duda ese cuestionamiento constante, el mejor modo de analizar y aceptar nuestras diferencias y contradicciones y de asegurarnos que los marcos de referencia de la crítica feminista no fueran preconcebidos, pre-fabricados o empacados e importados a la moda; por el contrario, se irían construyendo constantemente desde la experiencia de las diferencias mismas entre las mujeres, desde las diferencias en cada una de nosotras, y desde las diferencias que tenemos con los hombres quienes también nos interpelan y con quienes nos interesa dialogar. Así, una de las funciones primordiales de la crítica feminista sería exacerbar las diferencias, mirar de cerca las ambigüedades, los conflictos, las paradojas entre nosotras/ os. En esa articulación de las diferencias, los diversos nudos que se entretejen como condición de la contradicción, serían los puntos de encuentro, y nos reconciliaríamos, por lo menos, con la variedad de las voces presentes en los diferentes discursos. Sería hacer una práctica realmente democrática.

Como mujer latinoamericana al leer lo que viene del Norte, me siento hermanada con la palabra de las/os académicas/os latinoamericanas/os y de los/as latinos/as en U.S.A. y también con el pensamiento de otros críticos allá llamados "tercermundistas". Por ejemplo, me seduce la determinación de Gayatri Spivak de mantener una constante tensión entre el discurso teórico feminista elaborado en los ultra-desarrollados centros del saber de U.S.A. y Europa, y el propio, el local, consciente siempre de las constantes formas de intervención; esa posicionalidad, me resulta más afín a mi modo de pensar desde el Sur de Nuestra América. Esta actitud cuestionadora significa estar vigilante y en constante atención a la multiplicidad de las determinaciones que se nos pueden imponer. Así para Spivak, el intento de entendernos quienes escribimos desde la mirada periférica, sólo en términos de adecuar los modelos eurocéntricos de análisis, a los textos escritos en nuestros países, ha sido siempre tremendamente destructivo. Ella insiste en posibilitar un doble enfoque, un mirar simultáneo; no preguntarse solamente ¿quién soy yo? sino que también preguntarse ¿quién es la otra mujer? ¿cómo la nombro? y ¿cómo me nombra ella a mí?[9]. La posición de lectora en esa oblicuidad que propone Spivak ¿no es acaso "la treta del débil" de Josefina Ludmer, "las palabras intrusas" de Elena Garro, "la mirada política" de Beatriz Sarlo, "la palabra cómplice" de Soledad Fariña y Raquel Olea, la palabra de la "América ladina" de Pablo Oyarzún?

Vamos viendo comunalidades en las diferencias, y se vislumbra otra función central de la crítica feminista: hacer el intento de contribuir al cambio cultural que propone la práctica feminista –ése es su carácter político. La función de la crítica feminista entonces, es la de resistir los discursos y las prácticas del poder de la cultura hegemónica. De tal modo, algunas hemos estado comprometidas en un quehacer triple: primero, redimir lo que se ha devaluado, segundo, compartir el terreno que se ha reservado exclusivamente a los varones, y tercero resolver y trascender las oposiciones. Con estos dos últimos gestos, en nuestros trabajos hemos querido responder a la petición de Soledad Bianchi: "quebrar el 'ghetto' del sexo"[10] o al decir de Nelly Richard: "...plantear el problema de las relaciones entre textos femeninos e intertextualidad cultural (predominantemente masculina)"[11]. Para valorar lo que se ha descuidado se ha hecho necesario reconstruir la historia literaria, tanto en Chile, como en el resto de Latinoamérica. En nuestro país, el insularismo, especialmente en los años de la dictadura, no nos ha permitido enriquecernos con la palabra de las escritoras latinoamericanas que se nos adelantaron, y/o que nos han acompañado todos estos años, y este aislamiento es más grave entre las mujeres que entre los hombres; algunos de ellos (los de una cierta élite social), por tener más acceso a canales de poder, por tener una práctica antigua en establecer redes de influencia, han podido salir del mirarse el ombligo, y han establecido cofradías más internacionales; pienso en el período del "boom" de los sesenta, y constato que el poder del mercado actual vuelve a facilitarles el vínculo internacional a los hijos y nietos del "boom".

UNA GENEALOGIA NECESARIA

¿No soy yo gente? ¿No es forma
racional la que me anima?
¿No desciendo como todos,
de Adán, por mi recta línea?
Sor Juana Inés de la Cruz

Tal vez sea importante destacar la práctica reiterada en la historia literaria de retrotraer tradiciones perdidas. Sin embargo, desde una perspectiva feminista, debemos indagar en el pasado propio, no para asumir el modelo evolucionista del "desarrollo" literario tradicional, ese modo que toma el ahora como el único lugar real, como la autoridad máxima. El hurgar en el pasado significa más bien, abordar la diferencia del pasado, y en este sentido el estudio de la escritura del pasado (dentro de las condiciones de su producción) altera el énfasis autocrático del sujeto en el presente. El pasado nos conforma y en ese proceso constante de re-conocimiento que conlleva el entender el sentido cambiante de las imágenes, muchas críticas feministas se han abocado al trabajo de leer a mujeres que han permanecido relegadas de los cánones oficiales; otras han re-leído a las "grandes excepciones", figuras pioneras, madres fundadoras. Todas ellas, tratan de establecer una genealogía para las mujeres, para que vean su voz unida a la de otras, como advierte Diana Bellessi: "Las mujeres insistimos en la profunda necesidad de constituir una genealogía, de mirarnos en una galería de mujeres. Porque, antes de pasar a la universalidad del género humano, es necesario tener rostro en el espejo"[12]. Va tomando forma esta nueva manera de hacer historia, de conocernos en la historia. Rosario Castellanos abrió mucho camino; ella nos explicaba el porqué Virginia Woolf se regocijaba leyendo a las Brontë, a Jane Austen y a tantas otras; dice Castellanos: "Si Virginia Woolf las evoca no es por mera simpatía, no es para comparar soledades, rechazar burlas, escándalos; es, fundamentalmente, por sentido de la tradición y porque si le es preciso conocerse y situarse en tanto que escritora tiene que medir a quienes le antecedieron. Nadie es demasiado insignificante como para que no solicite la valoración. Hay que entender el pasado como una preparación del futuro"[13]. Como se puede apreciar, convergen las ideas, las palabras que resumen la necesidad de una genealogía, aunque procedan de diferentes tiempos, de diferentes lugares. Es como genealogista que me planteo la crítica feminista, y coincido con la definición que Aurea María Sotomayor, basándose en Foucault, le da al término: "El genealogista... pasa por la historia como por los laberintos subterráneos que debemos atravesar para poder valorar la derrota del minotauro por nosotros... Hallará la dispersión, no la unidad; azares y no causalidades, pasiones libres de razones"[14]. En esta forma dispersa, laberíntica, estamos re-construyendo y modificando la historia. Elena Aguila en una investigación reciente nos propone: "uno de los requisitos para que las mujeres podamos autopercibirnos como sujetos y actuar como tales, en el interior del espacio social, político y cultural que habitamos, sería la articulación de una memoria colectiva que nos señale los lugares en que hemos estado, las prácticas que

nos han ocupado, las relaciones que hemos establecido...
En definitiva, una memoria que nos sirva de referencia..."[15].

MI PROPIO PROCESO

> *"El pensador subjetivo no se enreda, despreocupado de lo objetivo, en un relativismo existencial. El lleva a cabo una doble reflexión: sobre la relación objetiva entre pensar y ser y sobre el relacionarse de la existencia humana con aquella relación"*[16].
>
> Wolfang Janke

Otra de mis certezas es que las preguntas sobre la escritura crítica feminista se multiplican cada vez que me enfrento a responderlas. Es por eso que en este texto me propongo reflexionar sobre mi propio proceso de aprendizaje como crítica y como feminista. Proceso que da cuenta, sólo en parte, de los orígenes de mi palabra híbrida, de mis filiaciones, mis contradicciones, mis disonancias, mis traiciones y mis lealtades; el "affidamento" de las italianas también está presente en este recorrido. Es un proceso lento, lento. Una no se hace feminista de la noche a la mañana, no se hace crítica de golpe y porrazo. Porrazos sí me he dado por asumirme crítica feminista. Me demoré más o menos unos 35 años en saberme feminista, en asumirme crítica feminista, unos añitos más. Claro, la semilla de rebeldía, de subversión, el deseo de transgredir los límites y de decirlos, data desde mucho antes, tal vez desde antes de nacer. En este sentido, la escritura es siempre producto de una urgencia primaria. Es un proceso que no ha culminado, ni mucho menos; en algunos aspectos estoy recién empezando. Lo mismo me sucede como crítica; es por eso que le contesto a mi amiga Alejandra, escritora que comienza la aventura de escribir, que sí, todavía estamos en búsqueda de nuestra propia expresión, como latinoamericanas, como mujeres; todavía somos muy jóvenes en comparación con la palabra de ellos (sobretodo si el ellos corresponde a una cosmovisión europea). Recordemos a Mistral cuando afirmaba que:

"...nosotras vamos en el abecedario de la literatura que ellos cultivan desde antes de Abraham..."[17]. Además la escritura siempre es búsqueda del otro lenguaje, como bien lo sabía Gabriela.

Claro, de la tradición de los patriarcas tuve que aprender el lenguaje institucional, académico, eurocéntrico, por varias décadas. Pero el haberme encontrado con textos claves en mi vida, y con personas claves también, fue lo que determinó el cambio radical en el modo de decir mis deseos, mis preocupaciones; y fueron esas personas y esos textos quienes posibilitaron mis preguntas. Como decía Nilita Vientós, crítica, pensadora y escritora puertorriqueña: "Yo no creo que el fin de la vida sea la felicidad. Yo al menos no he venido al mundo a ser feliz, sino a comprender"[18]. Escribo en última instancia para entenderme, leo y escribo para saberme viva, apasionada de la vida, para regocijarme en esos momentos de lucidez que me proporcionan la lectura y la escritura, porque me permiten entender/me; cuando constato el consuelo que me depara la poesía, por ejemplo, cuando me devela un misterio más; en esos momentos me acerco a creer en una convivencia *humana* y en la posibilidad de crear otros mundos; ¡uy! –esto es casi una declaración de sentimiento religioso de la vida– ¿y por qué no? Lo expresa mejor George Santayana: "La gran función de la poesía es precisamente ésta: reparar el material de la experiencia, recogiendo la realidad de la sensación y de la fantasía oculta bajo la superficie de ideas convencionales, para construir luego con ese material, vivo pero indefinido, nuevas y mejores estructuras, más ricas, mejor ajustadas a las tendencias primarias de nuestra naturaleza, y más verdaderas con respecto a las posibilidades últimas del alma"[19].

Y es temeraria la travesía del mundo tratando de entenderlo. Entiendo la crítica no sólo como una escritura de análisis de obras creativas; no sólo como un discurso que señala distinciones significativas, según los cánones establecidos por las instituciones de poder. Como lectora mi acercamiento a las obras se relaciona más con la postura de respeto por el acto creativo y por la necesaria aceptación de la diferencia de aquella otredad que se expresa en los textos que leo. Me siento, de esta manera, en una relación de diálogo cultural entre las obras y mi lectura de ellas. Estoy más cercana a los postulados de la crítica que propone el profesor de la UNAM, Josu Landa, al final de su artículo, "Para pensar en la crítica de poesía en Latinoamérica"; en ese texto el crítico Landa hace un recorrido por las diferentes corrientes críticas de estos últimos años; él señala que sería necesario: "...encuadrar todo potencial crítico en el marco de un diálogo creador y realizador de lo poético. Si la crítica de poesía no opera como modalidad de un diálogo vivo y creador, terminará reduciéndose a un montón de excrecencias textuales, o convirtiéndose en monumento muerto a las desmesuras de la pasión crítica. Sólo será fecunda una crítica de poesía que se sustente en intuiciones y juicios que repercutan directamente en la producción poética de una comunidad dada, no en una creación discursiva paralela a dicha producción"[20]. Sus palabras son aplicables para todo tipo de crítica literaria, y ya que se refieren a la poesía, no puedo dejar de mencionar que ahora último, la mejor crítica que he leído ha sido la escrita por poetas.

Es más, pienso que al escribir textos críticos no estoy tan lejos de hacer autobiografía, porque vuelco situaciones personales en el texto, porque expongo modos de existencia personal y colectiva, en fin, porque interviene en mi escritura, mi ser entero. Tomo licencia para recordar a Elena Poniatowska al referirse a la escritura de Rosario Castellanos, para afirmar mi propia palabra: "Recurrimos a la escritura para liberarnos, vaciarnos, confesarnos, explicarnos el mundo, comprender lo que nos sucede. Rosario lo hizo hasta en sus artículos periodísticos cuando se suponía que escogería temas de política internacional o de sociología, e incluso cuando los abordó, fue siempre ligándolos a su experiencia personal y a su biografía"[21]. En esa huella sigo yo mi aventura con la palabra crítica. Es por eso que los textos que reúno en este libro no los siento ni los pretendo textos objetivos; es por eso que me gusta el tono confesional, testimonial; me gusta usar el pronombre en primera persona, porque de esa manera el ámbito de lo privado entra en el ámbito público de una vez por todas.

EL ENSAYO Y EL "COMMON READER"

> *"No puedo moverme sin desalojar el peso de los siglos".*
> Virginia Woolf

También quiero decir como nunca antes, que no creo que la crítica seria deba ser dirigida solamente a una "coterie litteraire" profesional, porque al hacerlo ciertos discursos críticos se asemejan al "espíritu cientificista (que) se acerca al tercamente dogmático"[22]. Es en ese sentido que se me hace imperioso evitar la jerga de la crítica académica contemporánea y/o la de la teoría feminista. Algunos aspectos de investigación literaria serán pertinentes a los especialistas, aunque para mí la importancia de escribir crítica literaria es la de poner las obras en relación; es decir, leerlas en su compleja relación textual, social, histórica, filosófica, estética, con textos anteriores y contemporáneos, y con otros discursos culturales; pero por sobre todo, me interesa que esos textos y el mío se relacionen con sus lectores. Apelo a una escritora de amplia y sabia intelectualidad, Ursula Le Guin, una de las tantas pensadoras que me han enseñado lo que es la palabra madre, aquélla que relaciona, no la que excluye, para aclarar mi posición; ella distingue el modo de comunicar de la palabra madre, y afirma: "La lengua madre tiene dos vías, muchas vías; establece un intercambio, una red. Su poder reside no en la división, sino en el vínculo, no en la distancia sino en la unión"[23]. En esas palabras de relación, Le Guin manifiesta la necesidad de una expresión escrita que sea capaz de interesar no sólo a los especialistas o intelectuales, sino que a ese/esa "lector/a común" que privilegiaba Virginia Woolf. Escribir para ese "common reader" como lo llamaba Woolf se hace más urgente que nunca, en esta época de extrema especialización, de las/los "desmontadores de literatura" para decirlo en palabras de Rosario Ferré, que ya no pueden comunicarse con un público mayor. Sí, mayor, no en tamaño, sino en rigor de lectura, aquél que Woolf sentía que le daba vitalidad a la literatura: el/la lector/a informado/a, inteligente, sensible y comprometido/a con la reflexión y el proceso de expresarla. Ese/a lector/a me interesa mucho. Es con estos/as lectores/as que sin duda, cierta crítica se enriquece, se ensancha, se hace fértil fuera de las mesas redondas, cuadradas, o como se las quiera ver, de los espacios oficiales por muy vanguardistas que ellos sean. Públicos diversos demandan diferentes preguntas de las/los críticas/os. Tal vez por eso me retiré del mundo académico; no quería esterilizarme; no quería permanecer entre paredes, que por muy "Ivy" que fueran, me constreñían en el decir patriarcal que su lenguaje dominante me imponía. Cualquiera sea mi relación con esos mundos institucionales, prefiero pensarme desde su periferia, de visita. En la cincuentena de la vida prefiero pensarme lectora independiente, rebelde, alerta y estudiosa, y por sobretodo, una lectora agradecida y apasionada de la gozosa experiencia del leer/escribir que se me ha brindado. Escribo entonces para dar cuenta de esa posición ante la crítica, y como escritura feminista, la escritura me resulta comprometida con un ideal de liberación, y es por eso que muchas veces resulta escrita en oposición, escrita con ira. De todas maneras lo que más respeto y atesoro es la intensidad de la reflexión y del sentir que mis lecturas/escrituras me permiten. Porque en este tipo de crítica, escritura y lectura son inseparables.

Por eso me atrevo a decir que me acerco a una escritura más ligada a la tradición del ensayo, a la de los ensayistas latinoamericanos, y sobretodo a la de las ensayistas. Ellas sabían el poder de la palabra que interroga, que se abre a la pregunta, que se envuelve en el diálogo, que apunta a la incertidumbre de las verdades personales/parciales, y no a las verdades absolutas del lenguaje científico, patriarcal. Tal vez esta postura crítica sea la conexión más explícita con la teoría y la práctica feminista que sostengo y me sostiene. Es también la tradición del ensayo como lo interpreta Adorno, la que más respeto, porque: "El ensayo no apunta a una construcción cerrada, deductiva o inductiva. Se yergue sobretodo contra la doctrina, arraigada desde Platón, según la cual lo cambiante, lo efímero es indigno de la filosofía", y porque "El ensayo piensa discontinuamente, como la realidad es discontinuo, y encuentra su unidad a través de las rupturas, no intentando taparlas"[24].

CRITICA FEMINISTA LATINOAMERICANA HOY

> *"Bastardaje y mestizaje nos hicieron, y de esta mezcla para adelante seguimos. La historia de lo que somos enmadeja sangre y guerra y la subo a su principio para que esta confesión se entienda".*
>
> Mercedes Valdivieso

Retomo el tema que abría esta introducción y constato algunas aberraciones, corroboro realidades: el feminismo está vigente hoy, aunque el lenguaje del poder y sus sometidos/as, lo quieran desconocer. Está vigente en la práctica y en la teoría, con todas sus modalidades, contradicciones, dudas, interrogaciones y afirmaciones, en su inmensa diversidad. (La memoria, el cuerpo, la palabra madre, la práctica cotidiana, la realidad circundante, la resistencia en diferentes ámbitos de la vida cotidiana y del pensamiento, me lo confirman a diario.) Es tal vez por eso que puedo afirmar que sí tengo algunas certezas. Parto por la más obvia en mi presente: el temor del poder masculino a perder hegemonía y significancia, y/o a compartirlas con las mujeres. En ese sentido es que Annette Kolodny, explica: "tenemos que enfrentarnos al hecho de que el potencial revolucionario del feminismo original está siendo lentamente erosionado"[25]. Estas constataciones de una crítica tan influyente como Kolodny, o el constatar la misma reacción en el ámbito nacional nuestro, que palpo conferencia tras conferencia, diario tras diario, discurso tras discurso, suscitan la incomodidad, el malestar, que moviliza en mi caso una escritura contestataria.

¡Cómo desperdiciar todo el conocimiento acumulado en estos veinte años! ¡Cómo desechar un conocimiento reconocido hasta por los más reacios a ver el mundo desde una mirada otra! ¡Cómo desechar todo este cúmulo de experiencias, de investigaciones, de saberes (algunos muy antiguos), en fin, toda esta creación!, sólo porque algunos señores y las señoras que se someten a sus dictados de la moda, a lo que "se USA", pueden hacer borrón de la historia y negar un corpus teórico amplio, complejo, influyente, polémico, por cierto, pero innegable a estas alturas del desarrollo del pensamiento contemporáneo occidental. ¡Cómo no escribir en rebeldía y con ira cuando no cesan los ataques de toda índole en contra de las mujeres en el mundo entero, cuando se violan miles de mujeres en las calles de nuestras ciudades, en las guerras europeas, por todos lados! ¡Cómo no indignarse ante la indiferencia de aquéllos/as que dicen que están a la moda en sus teorías, pero sólo leen artículos que les confirman su propia visión! Afortunadamente no todos/as creemos en la cultura de consumo y desecho que se nos ha venido encima, con la consecuente falta de vitalidad, con el descreimiento en la persona, en la paz, en la vida armoniosa con los otros seres y con la tierra; sí, porque a veces creo que se les olvida que estamos en la tierra, y no en una pura abstracción lógica, inerte. Es por eso que me alegro al encontrar a escritores que aprecian la vitalidad de algunos aspectos de la vida y convivencia latinoamericana comunitaria que aún sobreviven en la "modernidad".

Entonces a otro tema candente, otro escollo en la escritura feminista. Me refiero a lo diferente que es ser feminista latinoamericana. Diferente es estar en Latinoamérica y reconocer nuestras marcas de mestizaje a diario: asumirse como feminista en Latinoamérica es precisamente eso, asumirse diversa, híbrida, mestiza. Capaz de ver el mundo desde otro ángulo, desde otras aristas, en mi caso desde el Sur, nuestro centro, desde nuestro paisaje americano, desde nuestra propia localidad, desde nuestra propia habla, desde nuestros ritmos, nuestros tiempos y nuestras sensibilidades. Entiendo el mestizaje también como un proceso histórico ininterrumpido, desde la Conquista hasta nuestros días. En este contexto, tendríamos que volver a leer *Transculturación narrativa en América Latina* de Angel Rama; en ese libro Rama tomó el término de transculturación del cubano Fernando Ortiz, como marca distintiva nuestra: "Entendemos que el vocablo *transculturación* expresa mejor las diferentes fases del proceso transitivo de una cultura a otra, porque éste no consiste solamente en adquirir una cultura, que es lo que en rigor indica la voz anglo-americana *aculturación*, sino que el proceso implica también necesariamente la pérdida o desarraigo de una cultura precedente, lo que pudiera decirse una parcial desculturación y, además, significa la consiguiente creación de nuevos fenómenos culturales que pudieran denominarse *neoculturación*"[26].

Con esa mirada, me pregunto nuevamente ¿cómo escribir crítica desde este Sur? Una manera, a lo mejor, es leyendo y releyendo los textos fundacionales nuestros, como lo ha hecho Sara Castro, quien nos recuerda que: "El 'autor' que el texto de Guamán Poma postula es un 'autor' que lo primero que necesita es negar la autoridad del Sujeto sobre sí mismo, es decir, negarse como el Otro del Sujeto. En el espacio que esclarece a través de la erosión, confrontación y desnaturalización de la ideología del maestro, ese Otro articula su propia autoría de Sujeto de su propio discurso americano o autor de sí mismo"[27]. Este gesto de erosión/confrontación es un gesto doble en las escritoras, quienes escriben "tramas de rica intertextualidad que es evidencia de una sistemática incorporación de códigos y aperturas"[28], transformando su producción en escritura indagatoria por excelencia. Lo que se observa en gran parte de nuestra literatura (la que se quiere informada pero autónoma de códigos extranjerizantes), se agudiza en cierta literatura de mujeres latinoamericanas; es lo que Sara Castro describe como: "Batallas siempre nuevas, siempre equívocas, abocadas a la polisemia, marcadas por una relación marginal, liminal. Esa misma preocupación por comprender la relación crítica entre lo establecido –realidad o tradición literaria– y aquello que está por cuajar, aquello que está en la calle y llama al portón de la casa cerrada clamando apertura, es lo que marca un interés por la escritura femenina y la problemática que su existencia lateral ha suscitado...Las tretas y lóbregos secretos de la palabra, el signo o la forma se han convertido en la preocupación principal de la tarea del artista. Para que el escritor o el orador comprenda el lenguaje, debe morar en él y sobretodo debe utilizarlo con agudo sentido crítico"[29].

Surgen más y más, y más grandes las preguntas para quienes pensamos nuestra cultura y hemos sido informados por discursos dominantes foráneos:(¿cómo podemos expresar nuestra propia diferencia?) pregunta que permea y atraviesa toda la historia literaria latinoamericana. En este punto quiero ser muy enfática: mientras no leamos *los textos* producidos por latinoamericanos y no nos conectemos con la pluralidad de los sentidos de esos textos; mientras nos limitemos a readecuar discursos, que siguen siendo discursos de hombres anglo-europeos o de mujeres que se han dedicado a desconstruir esos discursos, que ya sabemos no nos pueden interpretar del todo, y no nos liberan la imaginación para articular nuestras propias vivencias, no tendremos ni voz propia, ni cuarto propio, ni tierra propia, ni cuerpos propios, porque en el proceso de europeizarnos, nos habremos negado el derecho a sobrevivir con nuestro color mestizo en carne y espíritu. No puedo dejar de citar a una de las novelistas más lúcidas de Latinoamérica, Nélida Piñón, quien al ser interrogada sobre la crítica en su país responde con palabras que me confirman la importancia de estar atentas y de pensarnos desde nosotras/os: "Observo que la crítica tiende más para las especulaciones de carácter teórico, casi pretendiendo establecer una filosofía literaria experimental, siempre en detrimento del texto vivo... Hacen doctrinas literarias prescindiendo de la materia prima de estas mismas teorías: el texto"[30]. Y si bien es cierto que es imposible que una crítica, que se diga bien informada, no lea los discursos de los países ultradesarrollados, no lograremos una escritura crítica sólida y fidedigna, si es en detrimento de leer a las/los escritoras/es.

Pareciera ser entonces, que lo necesario es desarrollar múltiples estrategias, porque como piensa Ana Pizarro: "existen formas específicas de apropiación que desarrolla nuestro discurso en tanto plasmación del imaginario de un continente periférico en conflictiva relación con los centros culturales hegemónicos frente a los cuales inventa mecanismos de cimarronaje –el término es de René Depestre– cimarronaje cultural, que es huida, transformación, descentramiento"[31]. Siempre he pensado que nos hace muy bien releer a nuestros ensayistas, para no perder de vista nuestros orígenes latinoamericanos. Y si vamos a seguir siendo decimonónicos (como lo somos en lo económico, y ni hablar del discurso moral victoriano de algunas esferas dirigentes en Chile, por ejemplo), prefiero serlo con Martí; él nos centraba en Nuestra América, en esa metáfora ejemplificadora de nuestro gesto de autoctonía: "Crear es la palabra de pase de esta generación. El vino de plátano; y si sale agrio, ¡es nuestro vino!"[32]. ¿No conviene recordar esas sabias palabras en un momento en que arrecia "el gigante de siete leguas", esta vez disfrazado de gigante mercader, ante el cual todos y todas nos vamos convirtiendo en "aldeanos vanidosos" que ocultamos nuestra propia palabra mestiza, para no parecer sub-desarrollados y, por lo tanto, consumimos textos críticos de procedencia importada antes de leer los propios. ¿Por qué nos resistimos a leer a nuestras teóricas quienes se han dedicado a estudiar las visiones del mundo pre-colombino en que se nos ofrece una concepción que trasciende el binarismo occidental? Recalco binarismo europeo/europeizante, ya que dentro de los Estados Unidos, si leo a las escritoras indígenas o a las de los pueblos chicanos y puertorriqueños, por ejemplo, empiezo a mirar el mundo, no al revés, sino que desde una óptica muchísimo más horizontal a la mía.

Entonces cómo hacer para darle paso a la expresión crítica americana, más aún a la crítica feminista. En este instante recurro al aprender del desaprender; desaprender lo impuesto, lo deformante: movimiento constante para los calibanes y las anacaonas latinoamericanos/as. Aprendo de las culturas precolombinas y también de la literatura Colonial, Sor Juana a la cabeza: ¿qué texto puede decirse "crítica cultural" más propiamente, si no es la "Carta Atenagórica" de Juana de Asbaje, por ejemplo? Pero también aprendo a desaprender de la cultura que se vive hoy a diario: como cuando asisto a las fiestas populares religiosas, en que la centralidad de la virgen-mujer es un testimonio de desobediencia/transgresión como acto creativo. Al respecto leo a Sonia Montecino y su lectura sobre La Tirana: "Los rasgos simbólicos de la princesa y sacerdotisa Inca, que luego se transfigurará en la Virgen de La Tirana, dibujan lo femenino como poderoso, rebelde y transgresor y como 'resguardador' de la cultura... Es 'tirana', por lo tanto déspota, soberana que controla y detenta el poder omnímodamente... Mas también lo femenino, encarnado por ella está anegado por el cariño, por el afecto... Lo femenino porta valores plurivalentes. El amor es lo que permite que La Tirana transgreda su cultura y se deje penetrar por otra(o)"[33]. Pero aprendo por sobretodo, en mi diario vivir, al escuchar cuidadosamente a los jóvenes (alumnas/os, poetas en especial), a las mujeres de diversos estratos sociales y de diversas procedencias geográficas. Aprendo a desaprender con indignación, día a día, al examinar los efectos y las marcas de las dictaduras en el Cono Sur; aprendo al leer las noticias y los análisis de múltiples revoluciones que para los discursos dominantes pasan desapercibidas, como la de Chiapas[34] en este último tiempo, por ejemplo; es decir, me toca aprender a desaprender de la forma más inmediata, cuando me perca to cómo funcionan los modos de articulación discursiva que manejan los medios: el lenguaje del sentido común, o el de la pretendida racionalidad, para el caso da lo mismo, el de la moral, el de la ciencia al servicio del Estado, el de los medios masivos manipuladores; no me permito permanecer pasiva ante la arremetida de esos discursos y ante quienes los emiten, porque usan sus convenciones para encasillarnos en una homogeneización que nos oprime y nos violenta a diario.

También reitero que aprendo a desaprender de las culturas étnicas que son desplazadas a diferentes márgenes en las Américas, como bien lo explicita la poeta Erica Hunt en uno de los artículos más lúcidos que he leído en este último tiempo; ella reconoce el carácter violento de la vida contemporánea que sumerge aspectos de nuestra cultura, fraccionándola; ella habla de una "poética y una cultura oposicional", las cuales formarían un campo de proyectos relacionados entre sí, que han sabido ir más allá de la especulación y el escepticismo, para constituirse en instancias de crítica activa contra las formas de dominación. Cuando habla de una "cultura oposicional", Hunt se refiere a las culturas disidentes, como lo son las "marginales" que cruzan las fronteras de clase, raza y género[35]. Hunt explicita el gesto de ruptura que han venido sosteniendo en estas últimas décadas las escritoras chicanas: Anzaldúa, Moraga, Sandoval y Castillo, con quienes he aprendido a mirar al revés, a mirar el reverso del tejido. Ellas han hecho que sus voces, antes silenciadas, lleguen hoy hasta la estridencia para decir sus silencios milenarios en sus resistidas palabras híbridas/bilingües. Tal como en los sesenta me ayudaron a aprender a desaprender Fanon, Retamar, Castellanos, Poniatowska, Rich, a ellos hoy, les adjunto la tonalidad crítica de estas nuevas voces latinas. En fin, aprendo a desaprender de todos aquéllos que se piensan ensayando su voz anticolonial en el Norte y en el Sur. Ahora último, también aprendo a desaprender con la crítica y la literatura "gay", que me han permitido mirar desde un ángulo oblicuo, por mucho tiempo invisible, y que me abre a otras posibilidades de lectura, que recién empiezo a explorar; Sylvia Molloy me interpela desde el Congreso de Escritoras Latinoamericanas del 82 en Massachusetts, para sacar a Gabriela Mistral del closet, por ejemplo.

Vuelvo a insistir, en Chile y en otros países aprendo con las poetas y los poetas; en realidad, sigo aprendiendo a desaprender con las poetas de allá y de acá. Leo en el último libro de ensayos de Adrienne Rich: "cómo la poesía puede abrir los aposentos de la imaginación que estaban bajo llave, y cómo puede restaurar el sentir a zonas entumecidas y recargar el deseo"[36]. Y si la poesía es hoy en día el género más marginado en este país, es debido tal vez, a una maniobra más del mercado que no soporta que se abran las puertas al pensamiento profundo, ni se le dé rienda suelta al deseo de aprender a desaprender que proporciona este "lujo de ser",[37] la poesía.

Se trata entonces de preguntarse una vez más ¿a quién le damos autoridad? ¿a quién tenemos por referente válido? ¿con quién preferimos dialogar? Se trata de constatar que el ser latinoamericano siempre se encuentra en un diálogo tenso entre el eurocentrismo y la realidad latinoamericana. En su libro *Contra el secreto profesional: lectura mestiza de César Vallejo*, Jorge Guzmán nos insta a "desnaturalizar" la obra literaria: "...para que esa "desnaturalización" sea de verdad potente, es imprescindible que el crítico tenga el expreso propósito de manifestar y denunciar lo que se ha *naturalizado* en su propia comunidad, no en las ajenas o en el ámbito completo de la cultura occidental, donde una sosa universalidad hace que la idea de *natural* se aplique a todo objeto cultural y convierta todo estudio en una tautologización vacua e inmóvil... Se nos han hecho tan naturales las universalizaciones, que en ellas consiste la mayor parte de nuestra actividad académica y a menudo de ellas depende nuestro destino profesional como estudiosos. Y como estas universalizaciones dependen a su vez de las importaciones de todo tipo, también se nos ha hecho natural el importar, ya sea bienes tangibles, ya sistemas de conceptos, preferencias, ideologías modas, etc. etc."[38]. Lo importante para Guzmán es precisamente el trasvasije cultural que se produce en los discursos de los intelectuales latinoamericanos cuando éstos aplican "los métodos científicos del mundo desarrollado a la identificación y descripción de caracteres diferenciales latinoamericanos, ya sea en sus textos, ya sea en su cultura en general, es decir, en su lengua"[39]. Así también, Eugenia Brito afirma el gesto de autonomía de las escritoras latinoamericanas en la introducción a la primera edición de *Escribir en los bordes;* ella dice: "Doblar el signo de la dependencia es el proyecto de destino que ya para muchas se ha convertido en un gesto necesario y gozoso"[40].

Por último, al leer/escribir crítica literaria feminista, se trata de preguntarnos: ¿qué decimos y con quién? ¿qué desconocemos o descalificamos? ¿qué se omite, qué se silencia o qué se arrincona en el olvido, sin hacer diferencias? Si se plantea la crítica como un proceso de reflexión constante, de apertura y revisión continuas, de crítica del presente y del pasado, de diálogo sin límite previsto, al parecer se trataría de desarrollar múltiples estrategias de lecturas/escrituras, con el objetivo de producir una escritura que intensificara nuestra capacidad para ensayar otra palabra, una que permitiera pensarnos mujeres y hombres, humanamente. No es otra cosa lo que trato de hacer cuando enseño, cuando escribo.

Santiago-Chile, 1996

Notas

1   Diamela Eltit, "La fuerza de la pregunta", *ICTUS Informa: Un espacio de libertad*, agosto de 1987.

2   Dina V. Picotti C. (comp.), *Pensar desde América: Vigencia y desafíos actuales*, (Catálogos: Buenos Aires, 1995), p. 11.

3   Homi K.Bhabha, *The location of culture* (Routledge: London and New York,1994), p.2. Todas las traducciones de los textos en inglés que aparecen en esta introducción son mías.

4   Homi K. Bhabha, p. 35.

5   Elena Aguila, "El deseo de estar en el mundo con bienestar", en: *Nuevos acercamientos a los derechos humanos: Ensayos para la dimensión ética de la democracia* (Corporación Nacional de Reparación y Reconciliación: Santiago, 1995) p. 30.

6   El Taller "Lecturas de mujeres" fue coordinado por Soledad Fariña, Raquel Olea y Eliana Ortega en La Morada desde 1987 hasta 1990. Pasaron muchas escritoras por ese espacio de reflexión crítica, entre otras: Alejandra Farías, Elena Aguila, Olga Grau, Pilar Serrano, Verónica Zondek, Soledad Bianchi.

7   Teresa de Lauretis, "Feminists Studies/Critical Studies: Issues, Terms, and Contexts", en: *Feminists studies: critical studies*, ed. Teresa de Lauretis, (Indiana University Press: Bloomington, 1986), p. 1.

8   Annette Kolodny, "Dancing Between Left and Right: Feminism and the Academics Minefield in the 1980s", en: *Literature, language and politics* ed. Betty Jean Craige, (The University of Georgia Press: Athens and London, 1988), p. 34.

9   Gayatri Spivak, *In other worlds: Essays in cultural politics*, (Routledge: New York and London, 1988), p. 188.

10   Soledad Bianchi, "Lecturas de mujeres" en: *Ver desde la mujer*, Olga Grau ed., (Ediciones La Morada-Cuarto Propio, Stgo.-Chile, 1992), p. 126.

11   Nelly Richard, *Masculino/Femenino: Prácticas de la diferencia y cultura democrática*, (Francisco Zegers Editor, Stgo.-Chile, 1989) p. 38.

12   Diana Bellessi, "Diana Bellessi: Retrato de una dama", *Diario de Poesía* (Buenos Aires, otoño de 1993), p. 3.

13   Rosario Castellanos, "Virginia Woolf y el vicio impune", en: *Mujer que sabe latín...* (Sep Diana: México, 1979), pp. 80-81.

14   Aurea María Sotomayor, "Genealogías o el suave desplazamiento de los orígenes en la novela de Ramón Ramos Otero", Revista *Nómada* Nº 1, (San Juan de Puerto Rico, abril 1995), p. 105.

15   Elena Aguila, p. 28.

16   Wolfang Janke, *Mito y poesía en la crisis modernidad/Posmodernidad*, (La Marca: Buenos Aires, 1995).

17   Gabriela Mistral, "La enseñanza, una de las más altas poesías", en: *Magisterio y niño*, Roque Esteban Scarpa ed. (Santiago, Ed. Andrés Bello, 1979), p. 273.

18   José Echeverría, "Semblanza y alabanza de la prodigiosa y nunca bien ponderada Nilita Vientós Gastón", en: *Mujeres puertorriqueñas, protagonistas en el Caribe, (Homines: Revista de Ciencias Sociales,* Tomo extraordinario, Núm, 4, San Juan-Puerto Rico, 1987), p. 506.

19   George Santayana, *Interpretaciones de poesía y religión* (Cátedra: Madrid, 1993) p. 214.

20   Josu Landa, "Para pensar la crítica de poesía en América Latina", *(Revista Iberoamericana,* Núms.164-165, julio-diciembre 1993), p. 443.

21   Elena Poniatowska, "Rosario Castellanos: ¡Vida, nada te debo!", en: *¡Ay vida, no me mereces: Carlos Fuentes, Rosario Castellanos, Juan Rulfo, la literatura de la onda,* (Joaquín Mortiz: México 1985), p. 45.

22   Theodor W. Adorno, *Notas de literatura* (Ediciones Ariel: Barcelona, 1962), p. 14.

23   Ursula K. Le Guin, *Dancing at the edge of the world: thoughts on words, women, places* (Harper and Row: New York, 1989), p. 149.

24   Theodor W. Adorno, pp. 20-21.

25   Annette Kolodny, p. 30.

26   Angel Rama, *Transculturación narrativa en América Latina,* (Siglo Veintiuno Editores: México, 1982), p. 32.

27   Sara Castro-Klarén: *Escritura, transgresión y sujeto en la literatura latinoamericana* (Premiá: México, 1989), p. 174.

28   Julio Ortega, ibid.

29   Sara Castro, p.119.

30   Farida Issa, "Entrevista con Nélida Piñón", Revista *Nueva Narrativa Hispanoamericana,* (Vol. III, enero de 1973, Nº 1), p. 133.

31   Ana Pizarro, *De ostras y caníbales: Ensayos sobre la cultura latinoamericana,* (Editorial Universidad de Santiago: Stgo.-Chile, 1994), p. 32.

32   José Martí, "Nuestra América", *José Martí, hombre apostólico y escritor: sus mejores páginas,* (Editorial Porrúa: México, 1972), p. 87.

33   Sonia Montecino, *Madres y huachos: alegorías del mestizaje chileno,* (Editorial Cuarto Propio/CEDEM, Stgo.-Chile, 1991), p. 74.

34   Ver en la Revista *Nómada* Nº 1 de Puerto Rico, el artículo al respecto.

35   Erica Hunt, "Notes for an Oppositional Poetics", en: *The politics of poetic form: Poetryand Public policy,* Charles Bernstein, ed. (Roof Books: New York, 1990), p. 198.

36   Adrienne Rich, *What is found there: Notebooks on poetry and politics,* (Norton & Company: New York, London, 1993), p. XIV.

37   Marina Arrate, *Este lujo de ser,* (Ediciones LAR: Concepción-Chile, 1986).

38   Jorge Guzmán, *Contra el secreto profesional: Lectura mestiza de vallejos,* (Ed. Universitaria, Santiago-Chile, 1990), p. 14.

39   Jorge Guzmán, p. 15.

40   Eugenia Brito, "Introducción", *Escribir en los bordes* (Editorial Cuarto Propio, Stgo.-Chile, 1987), p. 7.

RAIZ

"¿De qué perdida claridad venimos?".

Blanca Varela

"OTRAS PALABRAS APRENDER NO QUISO": LA DIFERENCIA MISTRALIANA
(1995)

La teoría feminista, en su análisis del papel que juega la categoría de género en las producciones artísticas, nos ha llevado a formular una teoría, alternativa a la dominante, que pone especial énfasis en las complejas interacciones del arte con las culturas en las que se produce. Desde este marco teórico, re-leer a Mistral es embarcarse en una aventura traviesa, ya que de esta forma se pueden traspasar muchas de las fronteras que nos impedían leer la diferencia mistraliana: su palabra otra, su mestizaje, su exilio, sus tretas, por ejemplo.

En el verso que da nombre a este ensayo, y que tomo de un poema: "La que camina", de la sección "Locas mujeres" de *Lagar*, se encuentra el gesto de resistencia a la cultura hegemónica, patriarcal, que contiene la palabra poética de Mistral, sobretodo a partir de *Tala*. Su propuesta, que he llamado su estética/ética femenil, es complejísima, ya que es la creación de una lengua-madre, referida a la madre arcaica, pre-edípica, madre precolombina, que representa a una mujer latinoamericana muy diferente a la representación que de ésta ha formulado la cultura dominante. Los poemas que he llamado de exilio como lo son "La que camina", "La extranjera", "País de la ausencia", entre otros, son poemas en que la poeta da rienda suelta a la ferocidad de su pasión por liberarse de ataduras, convenciones y códigos culturales impuestos. De esta manera, en ese "no querer aprender otras palabras" reside su rechazo a parte, y/o al todo de los aparatos conceptuales que hemos heredado del discurso decimonónico; la resistencia de Mistral nos permite apreciar su diferencia y una vez entendida ésta, nos permite desenmascarar el "liberalismo" de una modernidad europea, que no ha sido capaz de desencadenar a la cultura de occidente de las lógicas binarias de opresión que la gobiernan. La dificultad de leer la diferencia mistraliana reside pues, en ese cuestionar al pensamiento y cultura occidental. Asimismo me propongo develar algunas claves de la estética femenil de Mistral, que nos ayuden a entender su postura vanguardista, su vigencia hoy; que demuestre su sitial de antecesora y precursora indudable de la poesía contemporánea, especialmente de la producción poética de las mujeres latinoamericanas, aquéllas más exigentes en la construcción de la subjetividad femenina por medio de la palabra poética.

Tanto en su prosa como en sus poemas Gabriela Mistral deja bien en claro su intención de establecerse como cultora de una estética/ética femenil. Dice en "Lecturas de mujeres", con conciencia de su gesto desafiante: "Es éste el ensayo de un trabajo que realizaré algún día en mi país, destinado a las mujeres de América. Las siento mi familia espiritual; escribo para ellas, tal vez sin preparación pero con mucho amor".

Hace algún tiempo en un ensayo sobre el poema "La flor del aire", decía yo que la figura de la díada madre/hija en ese poema, se podía leer como una relación de amada-amante, y que en toda su producción, Mistral amadrinaba todo espacio y toda palabra.

Decía que esta obsesiva búsqueda de la fusión amorosa entre madre e hija, no era otra cosa que un intento, por parte de Mistral, de transgredir los límites de la cultura patriarcal que ha separado, prohibido y roto esta díada a consecuencia del matricidio original y del inicio del tabú del incesto a favor del sexo masculino. Es probable que sea por esas razones que en su poema "La que camina", la hablante enuncie su palabra desde la palabra que le dio la madre: "¿Por qué la madre no le dio sino ésta?/ ¿Y por qué cuando queda silenciosa/ muda no está, que sigue balbuceándola?", nos interroga retóricamente Mistral. No podemos dejar de preguntarnos ¿por qué se le hace necesario a la escritora configurar el habla, y la subjetividad de mujer desde la díada madre-hija? A lo mejor encontraremos respuestas a esas preguntas en su obra entera; por ahora conviene referirse al gesto de avanzada que constituyen las preguntas mismas y esa configuración de la subjetividad femenina, en los versos de Mistral. Al leer las propuestas de teóricas y poetas feministas actuales, como Kristeva, Irigaray, Adrienne Rich, quienes han rescatado la díada madre-hija como fundamental en la constitución del sujeto femenino contemporáneo, no podemos sino abismarnos de la sabiduría y de la palabra visionaria de la poeta chilena. Recién en 1989, Irigaray afirma que para re-crear una posible ética de la diferencia sexual en esta contemporaneidad nuestra, el vínculo con el ancestro femenino debe ser renovado, porque el patriarcado continúa separando a la hija de la madre; y al hacerlo, separa a la madre de la hija para que esta última pueda entrar a la ley del Padre; de esta forma lo que sucede es que le impone el silencio a la hija, la disocia de su cuerpo, de su habla, y del disfrute del placer de su propia voz; a la vez, al llevarla al mundo del deseo masculino la deja invisible y ajena a su madre, como también ajena a sí misma y a otras mujeres, hasta las deja ajenas para algunos hombres que las prefieren así: calladas, ausentes.

El poema "La extranjera" de *Tala*, es la representación del conflicto de las mujeres ante esa "enajenación" cultural. El poema pertenece a la sección titulada "Saudade". Lo primero que aparece como extraño, al leer este poema, es que va entre comillas; en las "Notas" a *Tala*, Mistral explica el sentido de la poesía entrecomillada, y dice que: "pertenece al orden que podría llamarse *la garganta prestada*... A alguno que rehuía en la conversación su confesión o su anécdota, se le cedió filialmente la garganta". Treta de Mistral para decir lo no dicho y "sacar a luz su lenguaje particular". Así en el poema, la hablante se sitúa fuera del sitio que ocupa la extranjera; la observa desde el lugar que ostenta la legitimidad europea, y es por eso que para la observadora, la extranjera resulta indescifrable: "Habla con un dejo de sus mares bárbaros/ con no sé qué algas y no sé qué arenas... hablando lengua que jadea y gime y que le entienden sólo bestezuelas"; palabras que descolocan a quien la observa, al lector/a europeizante. La proeza de Mistral en esos versos "es la violencia al uso común de las palabras, para forzarlas a que digan lo que no pueden decir". A medida que avanza el poema mayor es el desconcierto, ya que el énfasis en el habla, en la oralidad de la extranjera, marca una diferencia más con el discurso escritural de la poesía canónica. Una señal clara de la diferencia mistraliana cuyo discurso poético no perdió nunca la conexión con la palabra oral que va aprehendida a culturas primigenias: indígenas, bíblicas; palabras de una oralidad indudablemente más cercana a la palabra-madre, aquélla que expresa la fusión amorosa, que fluye como la pleamar, que no está separada ni del entorno vegetal ni del animal, palabras que se la entienden las bestezuelas, palabra en fin, que no cabe en el lenguaje del Padre. Palabra incierta, "bárbara", para quien lee desde la mirada occidental, patriarcal; "una lengua perdida que no deja por ello de interrogar el estado actual del lenguaje de cada época cada vez que la estereotipia se apodera de él". La extrañeza de la extranjera se exacerba al escucharse su oración y al dejar ver la imagen de su dios; también éste es indescifrable, porque es un "dios sin bulto y peso"; un dios desconocido para el pensamiento religioso dominante, deidad que en otros poemas mistralianos se transformará en diosa-madre, o en deidad andrógina. En poema tan compacto, como lo es "La extranjera", la compleja cosmovisión mistraliana, toda la extrañeza de esta vagabunda queda dicha en el poema. Los versos más subversivos me parece que son los que veladamente dejan entreabierta la puerta a la posibilidad de la existencia de otro amor: la extranjera "ha amado con pasión de que blanquea,/que nunca cuenta y que si nos contase/sería como el mapa de otra estrella". Podrían leerse estos versos como una cifrada manera de decir un amor que no se ciñe al mandato de la heterosexualidad, también impuesta en occidente. Mistral incorpora suma prudencia ante la sexualidad radical, prudencia que asume el gesto verbal de desplazamiento del sujeto, del incorporar la invocación de la magia, que permita el desvío verbal para nombrar veladamente el placer erótico a través de la ausencia, de lo innombrable. Gesto transgresor de esta extranjera que a pesar de su extranjería es capaz de transformar el lugar que habita, debido a que está arraigada a una lengua transformadora, que aunque "jadea y gime", aunque sea difícil de aprehender, ella nunca abandona. Veremos cómo en el poema "La que camina", de *Lagar*, la hablante lleva esa palabra otra al límite de la resistencia; dice el poema: "Igual palabra, igual es la que dice/ y es todo lo que tuvo y lo que lleva/ y por su sola sílaba de fuego/ ella puede vivir hasta que quiera./ Otras palabras aprender no quiso/ y la que lleva es su propio sustento/ a más sola que va más la repite/pero no se la entienden sus caminos", versos que confirman el deseo de Mistral de situarse en el sitio de la otredad, como mujer mestiza-andina, como mujer que vive una sexualidad no convencional. Podríamos decir con Kristeva que Mistral opta por el exilio para estar "siempre ausente, siempre innaccesible para todos" y que por eso "se aferra fieramente a lo que le falta, a la ausencia, a algún símbolo".

Empezamos a comprender su "País de la ausencia", poema también desconcertante cuando no se lo lee desde esta mirada traviesa. País, también ha sido transformado en madre, como ella misma lo explicita en sus "Notas" de *Tala*, explicando su poema "Muerte de mi madre": "Ella se me volvió una larga y sombría posada; se me hizo un país en que viví cinco o siete años, país amado a causa de la muerta...". Ambos poemas, "La extranjera" y "País de la ausencia", poemas de exiliadas, nos presentan una reflexión profunda de nuestra propia extranjería como sujetos modernos, como sujetos cosmopolitas, como sujetos errantes, como sujetos que hablan desde un lugar de crisis, de ruptura, de un estado de permanente estupefacción o de ensueño. "Inquietante, la extranjería está en nosotros", escribe Kristeva, palabras antedichas por Mistral en los poemas de *Tala* y *Lagar*.

Así Mistral y sus extranjeras, sin país, sin madre, sin tiempo (por lo menos sin el tiempo lineal de la historia moderna de occidente), expresan una lengua que se opone al lenguaje deshumanizante que margina a aquéllos que no lo dicen o no lo aceptan como constitutivo de su identidad. Pero la figura de la extranjera que bosqueja Mistral asume gesta de libertad: ni se victimiza, ni sucumbe ante el lenguaje del poder; y el movimiento libertario se encuentra en sus palabras en movimiento, su poesía; en los poemas a que me he referido, las hablantes no son nunca mujeres detenidas ni pasivas, son hablantes que caminan, hablan, preguntan y conocen su destino. En relación a ese gesto libertario habría que recordar que para Mistral el mundo "es un torrente ininterrumpido de gestos, hechos y formas huyentes..." y que para ella la función de la poesía sería apresar esos gestos, salvándolos del tiempo y el espacio en que surgieron las imágenes fugaces, porque después de todo, ha dicho: "El poeta lírico es un defensor de las imágenes en fuga; es el adolescente eterno de ojo vago...".

Su vagar incansable nos acompaña en este andar por sus textos y vamos entendiendo la estética/ética femenil de Mistral, cuyo discurso le otorga lugar de privilegio y de poder a las mujeres traviesas, a aquéllas que se atreven a cruzar las barreras de los códigos sociales y culturales que les impone la sociedad patriarcal. La estética femenil de Mistral valora lo femenino tantas veces negado por la filosofía occidental, y propone una ética no coercitiva, no excluyente como lo es la de la modernidad europeizante. La sustituye por una en que el deseo, el placer, la necesidad, lo negativo, lo oscuro, el lenguaje de la noche, de la poesía, diría Le Guinn, co-existen. Etica que antecede al concepto de "Gynesis", que acuña Alice Jardine, para quien esta ética gynética, disuelve las fijaciones narcisistas, antes de que se transformen en estructuras socio-simbólicas rígidas. Una vez más, Mistral abisma con su palabra vigente hoy. En un recado sobre poesía, de 1936, afirmaba lo siguiente:

"...Siempre estuve cierta de que si las mujeres nos atre-
viésemos a contar nuestras naderías, si devanásemos
en la escritura lo que vivimos de puertas adentro, sen-
tadas en medio de la constelación viviente de nues-
tros objetos, y diciendo lo que sabemos de 'nourritu-
res' terrestres y cordiales, haciendo ver la mesa de
todos los días, tal vez humanizaríamos este mundo,
puesto a arder por atarantamientos, sorderas y locu-
ras. En rasas domesticidades anduvieron traveseando-
do los pintores flamencos de interiores y mana de sus
lienzos la dulzura de vivir y la maravilla de estar
juntos y acordados en dichas y melancolías".

La cita anterior confirma su gesto travieso: el de engen-
drar una palabra-madre, palabra de mujer, que evidencia la
incapacidad de los discursos grandilocuentes de diversas
ideologías dominantes para crear un mundo en armonía. Ni
los códigos poéticos canónicos, ni los sociales la tranquili-
zaban. Por lo tanto la travesía de Mistral será constante y
"la inquietancia de la lengua" de esta extranjera se confir-
mará en la sección "Locas Mujeres" de *Lagar*. Las "locas
mujeres" son retratos de Mistral nos dice Palma Guillén; son
en realidad la mezcla y el ensamblaje de los diferentes fragmentos de la identidad femenina que se construye, en la
mezcla misma del ininterrumpido fluir de la vida. "Locas
mujeres", pero la locura, entendida como la expresión de
la lengua de la errancia de los sentidos, lengua de fluidez,
que no es locura sino la asunción de la condición humana
desde la creación literaria, en una extraña erudición con el
lenguaje de la mezcla, del habla mestiza, de la palabra-
madre. Por último, de todos los poemas de esta sección
compuesta de retratos de mujeres ,"locas" en la sanidad de
su otro saber, asidas a la palabra heredada de la madre
arcaica, me detengo una vez más en "La que camina", por
ser este poema el que continúa el viaje de "La extranjera",
como también el viaje de "La flor del aire", y lo lleva a buen
término. Estamos nuevamente en presencia del viaje de la
Diosa, "la Unica", la llama Mistral, quien sólo posee aque-

lla "Igual palabra" "hecha de sílabas de fuego". Al considerar esta imagen poética de fuego, ella nos dispara a otro lugar, al reino de la poesía. Bachelard ya ha dicho que: "en la imagen poética arden un exceso de vida... un lenguaje caldeado, gran fogón de palabras indisciplinadas donde se consume el ser, en una ambición casi alocada por promover un ser-más, un más que ser", y no es otra cosa el viaje de la Diosa de Mistral. En ese sentido el viaje de "La que camina", es la culminación de la búsqueda de la palabra poética de Mistral; aquella palabra "que no se la entienden sus caminos", porque proviene de otro referente, de la Diosa-madre, pero también porque se refiere a la palabra poética atemporal, mítica: la de la ensoñación, la de la soledad de la ensoñación, para poder captar los instantes en que la palabra crea lo humano. Al final de este poema, la hablante (Mistral, según Palma Guillén), hace suya la palabra de la "Unica", ya no hay escisión entre madre e hija, hay identificación, sin anulación:

> y cuando me la pienso, yo la tengo,
> y le voy sin descanso recitando
> la letanía de todos los nombres
> que me aprendí, como ella vagabunda;

> Y tanto se la ignoran los caminos
> que suelo comprender, con largo llanto,
> que ya duerme del sueño fabuloso,
> mar sin traición, y monte sin repecho,
> ni dicha, ni dolor, no más olvido.

Me parece que con la escritura de "La que camina", y los otros poemas de "Locas Mujeres", Mistral ensayó una palabra poética inédita, para representar la diferencia en toda la complejidad de una mujer latinoamericana, para quien el paradigma de otredad de occidente, tampoco es suficiente. Podríamos decir que aquello que constituye la diferencia mistraliana es su carácter dialógico, que refleja no sólo una relación con el Otro, sino que establece un diálogo interno con los aspectos plurales de la subjetividad mestiza latinoamericana. Mistral privilegia la pluralidad de voces, la multiplicidad de discursos que configuran dicha identidad.

Por otra parte el gesto rebelde de "otras palabras aprender no quiso", es tal vez el gesto de mantenerse alerta, de
situarse ni en el adentro del discurso hegemónico, ni tampoco en el afuera, sino que el de mantenerse en los bordes con plena conciencia de la transgresión de dicha posicionalidad. Sin duda que la palabra generada desde esa
postura, "no se la entienden sus caminos"; sin duda que será
extranjera en un mundo cultural que margina las diferencias culturales, sean éstas de índole racial, sexual, política
o religiosa. Esa extranjera cuestionadora, acerca la voz de
la poeta Mistral a nuestra contemporaneidad más inmediata, sobretodo en su percepción de lo indefinible, lo ambiguo, como elementos indispensables para posibilitar las
transformaciones de las materias, los espacios, los tiempos,
las historias. Mistral presenta lo indefinible, lo ambiguo
como elementos consustanciales a una cosmovisión que se
resiste al binarismo occidental; dice: "Yo no soy de esos
dualistas y el dualismo en muchas cosas me parece here-
jía". No podía ser dualista la "Andina Gabriela", como la
nombra Cecilia Vicuña, si recordamos que el cosmos de la
visión andina está estructurado en terrazas: el mundo de
arriba, el mundo de acá, y el mundo de adentro, todos
comunicados, por canales, cráteres volcánicos, cavernas,
"pacarinas" o lugares de entrada, de entrada a la creación.
"Andina Gabriela", ¿"extranjera" para quién? Pero "extranjera" al fin, que siempre anduvo por "caminos que eran de
chasquis". Termina su viaje reconciliada en "mar sin traición,
y monte sin repecho", versos finales de "La que camina".
De esta manera en *Lagar*, Mistral afianza su palabra híbrida, palabra transformada por la visión de la "extranjera".
Dice la otredad porque retiene el paisaje de su infancia, su
país; la oye en su lengua madre (su habla andina), la siente en su experiencia de la cotidianeidad femenina. Esa voz
disonante, se vuelve poderosa y en propiedad de su lengua, afirma que: "otras palabras aprender no quiso", y que
por ello "no hay más olvido". He ahí la diferencia mistraliana.

Textos consultados

Arrigoitia, Luis de. *Pensamiento y forma en la prosa de Gabriela Mistral* (Editorial de la Universidad de Puerto Rico: Río Piedras, 1989).

Bachelard, Gastón. *Fragmentos de una poética del fuego* (Paidos: Buenos Aires, 1992).

Bellessi, Diana. "La Aprendiz", en *Una palabra cómplice* (Isis-La Morada: Santiago, Chile, 1990).

Guillén, Palma. "Introducción" en: Gabriela Mistral, *Desolación-Ternura-Tala-Lagar* (Editorial Porrúa: México, 1981).

Kristeva, Julia. "Stabat Mater" en: *Historias de amor* (Siglo Veintiuno Editores: México, 1987).

—— *Extranjeros en nosotros mismos* (Plaza & Janes Editores: Barcelona, 1991).

Lasic, Nada y Elena Szumiraj, comp. *Joyce o la travesía del lenguaje: Psicoanálisis y literatura,* (Fondo de Cultura Económica de Argentina: Buenos Aires, 1993).

Mistral, Gabriela. *Desolación-Ternura-Tala-Lagar* (Editorial Porrúa: México, 1981).

—— *Lecturas de mujeres,* (Editorial Porrúa: México, 1980).

Olea, Raquel. "Otra lectura de 'La Otra'" en: *Una palabra cómplice: Encuentro con Gabriela Mistral* (Isis-La Morada, Santiago, Chile, 1990).

Rich, Adrienne. "Motherhood: The Contemporary Emergency and the Quantum Leap" en: *On lies, secrets and silences: Selected prose* 1966-1978 (Norton & Company: New York, 1979).

Valdés, Adriana. "Identidades tránsfugas" en: *Una palabra cómplice.*

Vicuña, Cecilia. "Andina Gabriela" en: *Una palabra cómplice.*

LOS CUARTOS PROPIOS DE VIRGINIA WOOLF
(1994)

Me instalo por un momento en el umbral de la novela que más me gusta, que más me provoca de Virginia Woolf, y leo: "En el principio estaba el cuarto de los niños". Son las palabras de Bernard, el escritor-protagonista de la novela *Las olas*. Sus palabras me marcan un recorrido a seguir, para internarnos en una lectura de la casa woolfiana, en el sentido que le da Bachelard a las habitaciones y las casas en las creaciones literarias: "diagramas de psicología que guían a los escritores y a los poetas en el análisis de la intimidad". ¿Cómo habita Virginia Woolf esa casa de intimidad y de imaginación creadora? Prefiero entrar en ella acompañada de aquellas escritoras que la han admirado y se han nutrido de su palabra.

Extiendo la mirada, imaginando varios cuartos llenos de espejos, en que se miran y reflejan tanto las convidadas como la propia Virginia; de esta manera armo una visión caleidoscópica de Virginia Woolf y de su obra, evitando una mirada única; eso sí, me centro en la escritura de mujeres: escritoras y críticas feministas que han orientado mi propia lectura de la obra de V. Woolf.

Para comenzar, entremos al cuarto de los niños, el que nos señala Bernard con su visión andrógina de la mente y de la vida. Recordemos que es este personaje el que ve en ese cuarto una forma que resulta ser un caracol, o tal vez una concha marina. Es Bernard quien describe la cualidad andrógina de ese objeto: la conchita que se forma "sobre el alma suave, nacarada, brillante, contra la que las sensaciones en vano golpean sus picos"; la conchita, que contiene los opuestos en sí misma, la superficie exterior dura, inanimada, que proteje y esconde, y un centro vivo, oscuro y evasivo. En esos cuartos se descubren texturas, objetos, que a la larga sugieren modos de ver el mundo. El cuarto de infancia de los protagonistas de las novelas de

V. Woolf aparece en todas sus obras; ya sea al comienzo de ellas, en la narración lineal, o por medio de un "flashback" que rápidamente nos introduce al cuarto de juego infantil, para examinar las condiciones en que viven los niños, para captar la experiencia de ellos, dentro de esa institución británica: el cuarto de juguetes de los niños, el "nursery". No son muy halagadoras las descripciones del cuarto de juguetes; no perduran ni prevalecen los momentos felices en ellos, éstos son fugaces y escasos. Es más, los elementos autobiográficos parecen ineludibles al entrar en ese cuarto Woolfiano, como lo demuestra Louise De Salvo en una de las biografías más recientes sobre la escritora. En su libro, De Salvo ha hecho un estudio minucioso del abuso sexual que sufrió Virginia Woolf en su infancia y adolescencia. El estudio recopila cartas, fragmentos de los primeros diarios de V.Woolf, y también incluye referencias al abuso sexual que se relata en sus obras. De tal manera que esta nueva lectura de la biografía y de la obra de Woolf, a la luz de los detalles que recopila De Salvo, nos ayuda a leer desde otro lugar la supuesta "locura" de Virginia y su suicidio. La perspectiva sicológica de De Salvo, nos facilita asimismo una relectura de muchas figuras en su obra. Por ejemplo, no sorprende que Woolf localice el origen del abuso del poder patriarcal dentro de las estructuras familiares burguesas.

En su libro de ensayos de 1938, *Tres Guineas*, Woolf reexamina la posición en que se encuentran las niñas y mujeres en Inglaterra (en plena Guerra mundial), y sostiene que la condición de las niñas y mujeres en los hogares ingleses le parecen un harén de esclavas. En el mismo ensayo, afirmará que hay un vínculo directo entre el patriarcado como institución y la servidumbre femenina; por otro lado considera el incesto como la consecuencia inevitable del dominio total que ejercen los patriarcas sobre las vidas de las niñas y las mujeres. Pero tal vez el peor efecto del patriarcado, dice Woolf en *Tres Guineas,* es que el patriarca-dictador se costruye social y afectivamente en el mundo de lo privado: "tenemos un embrión de animal, Dictador lo hemos llegado a llamar si es italiano o alemán, quien cree tener el derecho, ya sea porque cree que se lo ha dado Dios, la Naturaleza, el sexo o la raza, eso no le importa a quien cree tener el derecho de ordenarles a los otros seres humanos, el cómo tienen que vivir y el qué tienen que hacer en la vida". En otro cuarto de niños, en la novela *Between the acts,* ellos se defenderán de los "dictadores". En uno de los episodios de la novela, los niños confrontan a los adultos con espejos, con objetos brillantes, con fragmentos de cualquier objeto que refleje las imágenes de los adultos dictatoriales e incestuosos. El efecto de las imágenes reflejadas es aterrador. De esta manera, Virginia Woolf establece en su propia escritura, una reflexión sobre la importancia vital de los primeros años de vida y propone la edad de la infancia y sus vivencias como principio fundamental del futuro comportamiento humano. A lo largo de su carrera ella se preguntará, una y otra vez, sobre la crianza de los hijos, sobre la educación a edad tan definitoria, cuestionará la convivencia de las diferentes generaciones bajo un mismo techo. En realidad hace una crítica feroz a un sistema de crianza y de educación que era abusivo e inhumano. Sus conclusiones son muy cercanas a las teorías educacionales, sicólogicas, sociólogicas de la teoría feminista de hoy. En este aspecto, psicológico/educacional, también fue visionaria.

Salimos del cuarto de los niños dejando atrás un cuarto oscuro, lleno de experiencias traumáticas y escalofriantes que nunca abandonaron a la autora. Al acercarnos a la calle Tavistock Square 57, guiadas por la mirada cómplice de Victoria Ocampo, subimos a un cuarto mucho más luminoso y acogedor. Cuenta Ocampo que sus visitas a Virginia eran como un peregrinaje. Leemos en el diario de la intelectual argentina, que la sala de visitas de Virginia Woolf estaba decorada con las pinturas de su hermana Vanessa, y reinaba en esa habitación, un orden agradable en el que presidía una Virginia locuaz, animada y divertida. Recuerda Ocampo: "A menudo, después de la fría neblina, entraba al calor de ese cuarto, y por sobretodo al calor de su presencia... Apenas aparecía Virginia el resto desaparecía. Virginia, alta y delgada, luciendo una blusa de seda azul gris... que armonizaba admirablemente con el plata de su cabello... hablaba tan maravillosamente bien como escribía... les confieso que no me era fácil dejarla. Durante horas su perro roncaba fuertemente entre nosotras. Mentalmente yo lo retaba y le decía: cómo puedes interrumpirnos, hablamos de cosas inportantes, de la condición de las mujeres, de literatura, de América. De cómo tu ama logra escribir tan magistralmente que ha cambiado la novela moderna". El día que Ocampo recibe la noticia de la muerte de Virginia, anota en su diario: "Mrs. Dalloway, asomándose a la ventana con sus brazos llenos de flores, su pequeña cara rosada y fruncida con una pregunta... así me verías Virginia, desde tu escondite de Tavistock Square, con esa curiosidad apasionada e impersonal que tenías, con ese cuestionar que quemaba como el hielo y que desconcertaba a quienes se acercaban a ti por primera vez".

En el cuarto que describe Ocampo, cabían todas las preguntas, se afilaba la lengua, y se afirmaba la independencia. Será el mismo cuarto, que años más tarde acogerá a otra escritora latinoamericana, Rosario Castellanos. La escritora mexicana admirará el afán de Virginia de "seguir corriendo aventuras, de abrir los ojos del espíritu y de rechazar todo sello que la estereotipara". Lo importante para Virginia como para Castellanos era liberarse; "encontrar sus propias dimensiones sin impedimentos". ¡Qué reconfortante resulta situarse delante de este espejo doble a sesenta años de distancia! ¿Qué destaca Castellanos de Woolf? En 1931 Rosario confirma que: "aparece por primera vez, muy claramente expresado un concepto: la literatura es para Woolf no un medio para satisfacer su vanidad con los elogios; ni para situarse en un lugar de honor dentro del ambiente intelectual, sino un instrumento de liberación propia". Siguiendo con sus propias preocupaciones, Castellanos nos introduce a un rincón del cuarto de Woolf, un rincón tal vez más desconocido, o mal interpretado quizás, por la crítica tradicional: su preocupación por un orden social injusto. Dice Castellanos: "Virginia sabe y lo declara con sencillez, acaso con preocupación, que es la única mujer de Inglaterra que tiene libertad para escribir lo que se le antoje... sabe también que de esa libertad no puede hacer más uso lícito que ponerla al servicio de la raza humana. Además se siente sola en la gran casa literaria patriarcal, se siente excepcional, en desventaja frente a la vida masculina (vida la de ellos) sin ataduras. Deliberada, compuesta, despreciativa e indiferente hacia lo femenino... ¡Qué extraño es mirar este frío mundo de los hombres! Tan de compartimentos estancos; ...siempre en la cúspide de su trabajo; sellados, autónomos, admirables; cáusticos, lacónicos, objetivos; y completamente provistos de todo". Castellanos no dejará pasar la ocasión para resaltar el interés de Virginia Woolf por lo social, por lo tanto agrega: "Además el genio creador no vaga por los aires como un espíritu sublime, sino que se encuentra alojado en un cuerpo que, como el de cualquier otro ser humano, está sujeto a las necesidades de su naturaleza: uno no puede pensar bien, amar bien, dormir bien, si ha comido mal, afirmaba la propia Virginia".

No puedo salir de la casa woolfiana, sin pasar por un cuarto lleno de rincones polvorientos y de recovecos, de escalones y estantes. Me refiero al cuarto de la crítica feminista que me ha obligado a releer a Virginia Woolf. Pasemos por último a ese cuarto más frío a veces, más lleno de cortinajes pesados, que de vez en cuando empañan los espejos, aunque de repente resultan iluminadores. En un capítulo de su libro *Sexual Textual Politics,* Toril Moi escribe la introducción que titula "¿Quién le tiene miedo a Virginia Woolf?", y se contesta ella misma diciendo: "muchas feministas". Es que en esa introducción-artículo, Moi recopila la polémica de las críticas literarias feministas anglosajonas a propósito de la obra de Woolf. Primero expone la posición de una crítica feminista "estrecha, con anteojeras", refiriéndose a Elaine Showalters quien en una de sus aproximaciones tempranas a la obra de Woolf, se incomoda ante el hecho de que la autora use diversas personas para darles voz a los/las narradores/as, lo que resultaría "en constantes y recurrentes cambios de posiciones de sujeto, no dejándole a la crítica una posición unívoca, sino que dejándola con una multiplicidad de perspectivas a barajar"; Showalters, se pregunta ¿qué puede hacer un lector ante un texto desafiante como el de Woolf?, y se contesta: "distanciarse de las estrategias narrativas", a lo que Moi responde, descalificando a Showalters, "en ese caso sería no leerla en absoluto". Le hubiera gustado a Virginia Woolf esta polémica. A lo mejor es cierta la afirmación de Moi, y algunas feministas le tienen miedo a Woolf. Pero Moi no. Ella, en cambio, muy de la mano de Kristeva, celebra el que la novelista se niegue a comprometerse con la llamada forma lógica, racional, de escribir; celebra la libertad de Woolf en el uso de técnicas narrativas no convencionales, porque esta rebeldía le indica precisamente el quiebre de Woolf con un lenguaje impuesto que le incomodaba, como queda explícito en todas sus novelas. En el mismo artículo Toril Moi señala la lectura feminista-marxista de algunas críticas inglesas actuales, quienes rescatan a Woolf como escritora vigente y pertinente, por ubicar su campo de lucha precisamente en el lenguaje, por ser éste el elemento central de las condiciones materiales en que se configuran las conciencias femeninas. Prosigue Moi su andar por la crítica feminista más reciente, y se detiene en Jane Meissel quien lee a Woolf desde una óptica post-estrucuturalista y post-marxista; Meissel escribe:

> "La escritura para Virginia Woolf era un acto revolucionario. Su alienación de la cultura patriarcal británica con sus formas y valores capitalistas-imperialistas, era tan intensa, que la llenaban de terror y determinación cuando escribía. Era una guerrillera con faldas victorianas, que temblaba de susto al emprender sus ataques".

Como pueden ver, es cuarto peligroso éste de la crítica, pero cuarto que provoca seguir registrando la casa woolfiana.

Toda la polémica crítica actual, es evidencia de la indiscutible fuerza del discurso de V.Woolf, y de su vigencia hoy en día.

¿Acaso no nos enseñó ella a preguntarnos por la coherencia/incoherencia del sujeto autorial, en la presencia de un discurso que descentra, que descoloca tanto al lector como al autor, y que pone en entredicho toda una tradición?

Espero que este laberíntico recorrido mío, por algunos de los cuartos woolfianos más esclarecedores, sirva de entrada a las diversas mansiones literarias que nos dejó Virginia Woolf, quien dijo en una ocasión: "sabe Dios que hice mi parte, con mi pluma y con mi voz, en pro de la especie humana. Sí, merezco una primavera. No le debo nada a nadie".

Textos consultados

Bachelard, Gastón. *La poética del espacio* (Fondo de Cultura Económica: México, 1991).

Castellanos, Rosario. *Juicios sumarios II* (Fondo de Cultura Económica: México, 1984).

De Salvo, Louise. *Virginia Woolf: The impact of childhood sexual abuse on her life and work* (Ballantine Books: New York, 1989).

Meyer, Doris. *Against the wind and the tide* (U. of Texas Press: Austin, 1979).

Moi, Toril. *Sexual/textual politics: feminist literary theory* (London and New York, 1985).

Woolf, Virginia. *Three Guineas* (Harcourt, Brace & World Inc.: New York, 1963).

RAMAZON
NORTE

"Anacaona, oí tu voz".

Tite Curet Alonso

SANDRA MARIA ESTEVES EN SU QUE HACER POETICO: UN PROCESO DESMITIFICADOR DE LA POESÍA PUERTORRIQUEÑA EN U.S.A.*

(1985)

A primera vista la obra de Sandra María Esteves podría considerarse como una muestra más de la poesía puertorriqueña en U.S.A. que tiene como uno de sus elementos constitutivos la mitificación de la isla y de lo isleño. Sin embargo, al leer la poesía de Esteves en un contexto sociocultural, es evidente que a pesar de que la autora usa una simbología mítica reconocible, y a pesar de que utiliza el mito ancestral con frecuencia –porque el mito es constituyente elemental de la realidad latinoamericana– en última instancia lo que Esteves propone es una desmitificación de su realidad puertorriqueña. Esta desmitificación se da a dos niveles, en un proceso constante y dialéctico: por un lado, al utilizar cierta simbología mítica, ella rescata su ancestro y lo incorpora a su realidad-histórica presente, pero al hacerlo no deja de rechazar aquellos mitos tradicionales de su propia cultura que por ser mujer la mantienen oprimida/ sometida; por otro lado, ella rechaza los mitos creados por la cultura dominante anglosajona que le ha impuesto a la mujer latina una serie de estereotipos, como lo son el de mujer objeto sexual, el de prostituta o el estereotipo aún peor de mujer sumisa, pasiva.

La doble desmitificación que se puede apreciar en la obra de Esteves es un proceso transformador que Luz Ma-

---

*Este ensayo fue leído en el simposio anual sobre bilingüismo-biculturalismo de la Universidad de Massachusetts, Amherst, en 1984, y se publicó en inglés en: *The commuter nation: Perspectives on Puerto Rican Migration*, Carlos A. Torre, Hugo Rodríguez Vcchini y William Burgos eds., (Editorial de la Universidad de Puerto Rico: San Juan de Puerto Rico,1994).

ría Umpierre define como constante en la poesía de las poetas latinas en U.S.A.:

> *"En su poesía las hispanas quieren recrear su cultu-*
> *ra pero eliminar al mismo tiempo aquellos aspectos*
> *que la atan, por lo que se da un proceso doble en su*
> *escritura: uno de creación y otro de destrucción. En*
> *ese proceso estamos dando una nueva definición de*
> *la cultura: lo que es para nosotras dentro del contex-*
> *to de este país (U.S.A.)"*[1].

Precisamente, el proceso de desmitificación en Sandra M. Esteves surge de la ubicación y concientización socio-histórica-espacial y de su concretización política.

Sandra M. Esteves se ubica así, sin ambages en el contexto histórico que le ha tocado vivir en U.S.A.:

> *"I was born in the South Bronx in 1948,... in a com-*
> *munity inhabited by immigrants... as artist, I project*
> *vision towards which to grow, for all who wish to*
> *learn, and that we learn together"*[2].

Palabras de entrada de su libro *Yerba Buena* que la sitúan en tanto mujer, en tanto artista, en tanto puertorriqueña como parte de una generación de escritores que nacen a fines de la Segunda Guerra Mundial, que viven su primera juventud en la década de los 60, década de toma de conciencia política y de unión tercermundista en U.S.A.[3].

El poemario *Yerba Buena* de Esteves, es el fiel testimonio de la intercomunicación y el compromiso político del "poet/worker" como denomina Louis Reyes Rivera a los poetas tercermundistas[4]. Sin embargo, *Yerba Buena* no es sólo testimonio, sino que constituye en sí el proceso de desmitificación de la realidad puertorriqueña.

El título del libro, *Yerba Buena*, nos indica que la autora, en un principio, quiere remitirnos a una realidad cultural reconocible por los latinos, pero más aún, quiere evocar en ellos un mundo cultural de origen, percibido como positivo, nutritivo e integrador. Efectivamente, la primera

sección del libro, "Visiones en ojos rosa", es la incorporación de ese mundo de origen, la integración del ancestro a
la realidad histórica presente del puertorriqueño en U.S.A.
Ancestro que se recupera a través de la historia escrita:
Fanón, Fidel, Neruda, Lolita Lebrón pueblan con su presencia esta primera sección. Comienza la primera parte "Visiones," con el poema "Oyeme que mi espíritu habla"; el "espíritu" habla en español y comunica que: "la gente nació
para ser libre"(p. 3). El "aquí" en este poema define el espacio en que se ubica la poeta: es su presente en Nueva
York, es "el Barrio" compartido con la colectividad latina,
es el espacio en que se reactualiza el mito ancestral en el
baile, que bien podría desdoblarse en una sesión espiritis-
ta. El baile y el espiritismo evocan una tradición común,
pero limitándonos a la connotación del rito como baile, de
por sí ese baile cumple una función original: es comunicación, expresión y, por último, liberación.

Pero si el mito ritualizado en el baile y el espíritu, le
recuerdan que el pueblo nació para ser libre, al contrario,
la historia del pueblo puertorriqueño registra lo opuesto: colonialismo. En el segundo poema de esta sección del libro,
titulado "From Fanón", Esteves nos transporta del mito ancestral al acontecer histórico real:

> *We are a multitude of contradictions*
> *reflecting our history...*
> *As slaves we lost identity*
> *Assimilating our master's values*
> *Now the opressor has an international program*
> *and we sit precariously within the monster's mechanism*
> *internalizing anguish from comrades*
> *planning and preparing a course of action. (p. 4)*

El curso de acción que señala Esteves es uno de clara
definición política: se adhiere a la lucha de liberación del
pueblo, lucha no sólo puertorriqueña sino que continental.
Se inspira en Fidel Castro y le dedica un poema en el que
lo reconoce líder:

> *Here, from this land*
> *where chrome fades into plastic and famished spirit*
> *I read the shells you have cast into the river*
> *analyze the signs with the sea*
> *and extend my palms to you as struggle. (p. 5)*

El "aquí/here" es un espacio desdoblado lingüística y vivencialmente. Por un lado es "el Barrio" donde permanece vivo el ancestro cultural y lingüístico, pero por otro lado, es el mundo anglosajón hostil y destructivo que la margina. Entre esos dos espacios vive dialécticamente (mitificando y desmitificando) el yo poético del poema "Here". En este espacio anglosajón ahora, la identidad del yo poético se encuentra escindida:

> *I am two parts/ a person*
> *boricua/spic*
> *past and present*
> *alive and oppressed*
> *given acultural beauty*
> *...and robbed of a cultural identity. (p. 20)*

Para minimizar el efecto destructivo de la sociedad norteamericana, ha sido alternativa común de la poesía puertorriqueña en U.S.A. evadir el presente mediante la mitificación de la isla de Puerto Rico. Hasta cierto punto en el caso de Esteves ese recurso mítico la refugia en un mundo paradisíaco, de ensueño, creado por la imaginación y por la memoria no sólo personal sino colectiva: "... dulce palmas de coco on Luquillo/ sway in windy recesses I can only imagine/ and remember how it was" (p.20). Si hay una recreación del mito del paraíso perdido no es por mucho tiempo; Esteves no se queda ni en la nostalgia ni en la idealización[5]. La realidad presente, la realidad del ghetto, la realidad cargada de insultos, junto a la concientización política de la poeta, no le permiten permanecer alejada o enajenada de su presente histórico; se apoya en la realidad isleña mítica para cambiar el presente de "here" sin nostalgia;

termina el poema: "But that reality now a dream/teaches me to see and will/ bring me back to me" (p. 20). El mito del eterno retorno no puede darse en este contexto, el "here";[6] No hay retorno posible para ella porque el presente, el futuro y la lucha están en el aquí de U.S.A., en agosto de 1980.

El poemario se va construyendo entonces en una constante relación binaria entre el aquí puertorriqueño y el "here" anglosajón, entre el pasado mítico puertorriqueño y el presente histórico del puertorriqueño en territorio estadounidense (Nueva York para Esteves).

En esta realidad aparece la mujer como raíz, como lazo cultural entre el aquí y el allá y por sobretodo, surge la mujer como agente promotor de cambio en la lucha presente. Con los pies bien firmes en su realidad circundante, la poeta nos dice: "This womantree has/thickly rooted in cement/ mass profusions and/ infinite rebellions" (p. 5). Y no es cualquier mujer la que surge en su poemario, sino que es la mujer puertorriqueña que, aunque enterrada en el cemento, ha hecho crecer la "yerba buena," símbolo de su raza y cultura. En este sentido es la mujer quien ha estado consciente y a la vanguardia de la liberación de su pueblo. No sorprende entonces que la primera parte de *Yerba Buena* culmine con un poema a Lolita Lebrón. La legendaria Lolita Lebrón se transforma en símbolo de la fuerza femenina. En el verso final, verso visionario, nos da una alternativa real: "Woman strength/ a mold to guide the dawn/ May your twenty-five years be new fire/ opening other eyes for seeing (p. 33).

A partir de ese modelo, de esa herencia femenina, *Yerba Buena* en su segunda parte, "Marcando Quinto", es un movimiento confiado hacia la liberación, y es la mujer quien aparece como fuerza central en ese movimiento. En esta sección hay dos poemas claves que terminan por aclarar el proceso de desmitificación en la poesía de Esteves: "A la mujer borinqueña", poema que siempre suscita discusiones acaloradas y divergentes, opiniones que surgen porque el poema no se interpreta desde una perspectiva socio-cultural: la perspectiva de una mujer trabajadora inmigrante; el título mismo nos indica que el poema es un homenaje a la mujer, a la mujer borinqueña; mujer que reconoce su origen indígena, pero que se ubica dentro del contexto social del puertorriqueño en U.S.A.: "My name is María Christina/ I am a Puerto Rican woman born in el Barrio" (p. 63). Es importante en esta lectura socio-histórica, recalcar la fuerza del yo en el poema. Es un yo femenino que afirma en presente y nombra su realidad sin titubeos. Es un yo que tiene plena conciencia de cómo la percibe y la define la otredad; siendo "el otro", el hombre puertorriqueño y también el mundo anglosajón. La definición que el hombre puertorriqueño le da a la mujer en el poema, "negra", ella la acepta, reconociéndola como realidad cultural a la que pertenece, pero por ningún motivo ella permite que esa sea la única, o que sea la definición total de su ser:

Our men they call me negra because they love me/ and in turn I teach them to be free./ I respect their ways/ inherited from our proud ancestors. (p. 63)

El distanciamiento entre el yo y el mundo masculino es evidente: ellos la definen y ella implícitamente acepta los mitos culturales que la definen como mujer puertorriqueña, pero esa aceptación no es incondicional, no es pasiva. Muy por el contrario, lo que Esteves afirma es lo siguiente: yo acepto la definición que me da el hombre pero soy yo la que enseño, la que me nutro, la que dirijo y yo la que defino en última instancia. Es el yo femenino del poema el que se apodera del verbo, de la acción –la mujer ya no es sólo predicado del hombre sino que ella es acción y nombre propio. La mujer en su propio sintagma se hace sujeto y al enfrentarse al mundo anglosajón también se ve en control de su yo y de su realidad:

I do not tease them with eye catching clothes
I do not sleep with their brothers and cousins
Although I've been told that this is a liberal society
I do not poison their bellies with instant chemical foods
our table holds food from earth and sun...(p. 63)

Esa mujer autodefinida controla su identidad inmediata y denuncia lo que es falso y lo que la cultura dominante mitifica en torno a ella. Rechaza la deformación que el estereotipo ha hecho de ella y reconoce su realidad ancestral como auténtica, la cual proyecta a su presente, sabiendo cómo aprovechar ciertos mitos ancestrales para liberarse ella y las generaciones futuras. Desde esta perspectiva la anáfora en el poema "I", funciona como una acumulación del yo que corrobora así no sólo el ancestro hispano sino también un ancestro matriarcal. La anáfora "I" produce una imagen de mujer puertorriqueña totalmente opuesta a la que ha mitificado la cultura dominante (entiéndase ahora, cultura masculina puertorriqueña y anglosajona a la vez). Aunque pudiera parecer que la aceptación del ancestro somete a la mujer, los versos siguientes lo desmienten rotundamente:

I do not complain about cooking for my family
because abuela taught me that woman is the master of fire
I do not complain about nursing my children
because I determine the direction of their values. (p. 63)

En "abuela" se reconoce y se afirma el hablante lírico. Si bien es cierto que la mujer reconoce y acepta el lugar que la sociedad patriarcal le asigna, ella desde ese lugar y con la enseñanza de la matriarca ("abuela") cambia no sólo el papel de la mujer dentro de esa sociedad sino también el destino de su pueblo. Desde el espacio privado a la que la confina la cultura dominante, ella se convierte en agente activo de su cultura y de su raza. Desmitifica su realidad y termina siendo quien define los roles familiares, sociales, culturales, y políticos.

El poema "A Julia y a mí" corrobora esta transformación de los mitos culturales ancestrales por parte de la mujer. El poema es un monólogo, desdoblado en diálogo, entre la poeta y la poeta símbolo, Julia de Burgos. Esteves contempla su propia imagen en la poesía y en la vida de su antepasada. Descubre que la imagen que le devuelve el espejo es una imagen que hasta cierto punto reconoce como propia: "eres mujer y mujeres muriendo/ I viewed a saint and saw myself instead" (p. 50).

Esteves reconoce que la imagen que le devuelve el espejo es la imagen tradicional de la mujer sufrida, santa, sometida, y que esa imagen es parte de su herencia cultural también:

> *Miro tu cara, tus ojos mirando el mundo*
> *el mismo que miraba mi madre*
> *...*
> *oigo tus versos del universo, humanidad, de mujer*
> *it is the same world that has not moved*
> *but an inch from your suffrage*
> *women still tend fires that men burn. (p. 63)*

Esteves va más allá de una simple identificación; a pesar de reconocer y aceptar "el peso ancestral" de la mujer tradicional que hereda no sólo de su madre sino que de la poesía femenina, la poeta no se detiene a perpetuar la imagen dolorosa. Conocedora de la herencia que Julia de Burgos le ha dejado, la acepta, la incorpora y la transforma una vez más al estar consciente de vivir en otro espacio y en otro tiempo; se sacude "el peso ancestral"[7], se rebela y afirma:

> *A ti Julia, ya será tarde*
> *pero a mí no*
> *Yo vivo!*
> *y grito si me duele la vida*
> *y canto con la gente*
> *y bailo con mis hijas*

> *no soy lágrima de ser*
> *soy el río*
> *la mariposa y culebra*
> *my fist is my soul*
> *it cuts into the blood of dragons*
> *and marks time with the beat*
> *of an afrocuban drum. (p. 51)*

Tal como en el poema anterior, ella es mujer puertorriqueña desde "el aquí" de U.S.A., transformando el pasado e instalándose como centro de acción. Basándose en el ancestro (abuela-Julia de Burgos) la mujer se revela/rebela en los siguientes versos:

> *Who says I can't be who I am and speak my language*
> *in my rhythm dance all the way to the moon*
> *create pictures how I feel. (p.53)*

Ya no hay quien detenga a esta mujer que está muy lejos de ser la mujer puertoriqueña del estereotipo: sumisa, irresponsable y niña mimada:

> *Who says I must be... sweet... soft... barefoot and helpless*
> *when stepped upon I will scream*
> *be hard and cold break bottles and windows*
> *Who says I can't? (p. 53)*

El "Who says?" es anáfora en este poema que funciona como pregunta retórica, pues ella es el yo definitorio que ya no tolera ser definido. Es con esa autodefinición y rebeldía que Sandra María Esteves se instala en sus "Horizontes Migrantes", tercera y última parte del poemario *Yerba Buena*. Llegamos así al final del proceso de construcción y destrucción de la realidad en la poesía de Esteves. El "horizonte migrante" es lo que constituye su realidad histórica presente, realidad que describe con toda crudeza en "For the South Bronx":

I live amidst hills of desolate buildings
rows of despair
crowded together
in a chain of lifeless shella (p. 84)

En este "horizonte" nos recuerda, es necesario recurrir al pasado ancestral para firmar la identidad presente y sobrevivir: *I had to go to the very heart and soul of my being/ to recapture the flow of energy/ that causes our movements to grow stronger together* (p. 84). Con el bagaje cultural heredado e incorporado, ella continúa el proceso que hemos venido analizando y no se queda en un pasado mítico o en una nostalgia reaccionaria. Muy por el contrario, al incorporar los mitos ancestrales de su cultura y al transformarlos, ella se hace historia. Su poemario termina en el "Horizonte Migrante" y no en una isla mítica, no en una patria idealizada. El último poema del libro, "A pile of wood", escrito en inglés con excepción de los dos versos finales: *y la gente saben que somos la tierra/ con fuegos y manos junto cambiamos* (p. 90), termina afirmando su realidad-histórica presente, en un yo colectivo que nos da su autodefinición de patria, definición que traspasa la visión idílica, mítica, estática. Con claras reminiscencias nerudianas, Sandra María Esteves nos confirma la definición de "Patria" que ya Bernardo Vega le había dado a la comunidad puertorriqueña en el Nueva York de principios de siglo: "Patria es la comunidad de hombres y mujeres que a lo largo de un proceso histórico conforma una manera de vivir la vida en constante evolución y cambio"[8]. La "historia no se evapora" en mito, en la poesía de Esteves, ya vimos que fermenta en *Yerba Buena*[9].

Notas

1   Véase mi artículo "Desde la entraña del monstruo: voces hispanas en U.S.A." en *La sartén por el mango: encuentro de escritoras latinoamericanas*, Patricia González y Eliana Ortega, eds. (Ediciones Huracán, Río Piedras, Puerto Rico, 1984), p. 381.

2   Sandra María Esteves, *Yerba Buena* (Greenfield Center, New York, 1980). Las restantes citas de *Yerba Buena* pertenecen a esta edición.

3   Poetas tales como Miguel Algarín, Louis Reyes Rivera, Miguel Piñero, Victor Hernández Cruz. Véase la antología de Efraín Barradas y Rafael Rodríguez: *Herejes y mitificadores: muestra de poesía puertorriqueña en los Estados Unidos* (Ediciones Huracán, Río Piedras, Puerto Rico, 1980).

4   Dice Louis Reyes Rivera en la introducción a *Yerba Buena*, refiriéndose a los creadores comprometidos con la lucha de liberación tercermundista, entre quienes sitúa a Esteves: "*Among them, those who would not be governed into condition, but who seek instead to realize how accountable we are, how interconnected we are, each recording the actions to which we commit ourselves. One such droplet. One such poet/ worker. One such woman child toiler song spirit breath: Sandra María Esteves*" (p. XV).

5   Sobre el mito en la poesía de Esteves véase: Efraín Barradas, "Introducción" a *Herejes y mitificadores...*, como también el artículo del mismo autor: "De lejos en sueños verla...: visión mítica de Puerto Rico en la poesía neorrican", *Revista Chicano-Riqueña*, vol. VIII, núm. 4 (1979), pp. 46-56.

6   Me refiero al mito arquetípico. Ver Mircea Eliade, *Myth and Reality* (Harper and Row: New York, 1963).

7   Alfonsina Storni, *Antología poética* (Losada: Buenos Aires, 1956), p. 49.

8   César Adreu Iglesias, ed., *Memorias de Bernardo Vega* Ediciones Huracán, Río Piedras, Puerto Rico, 1980). p. 24.

9   En este contexto la utilización del mito de Esteves se opone al concepto ahistórico del mismo. Ver Roland Barthes, *Mythologies* (Hill and Wang, New York, 1979), p. 151.

DISCURSO POETICO DE LA MUJER PUERTORRIQUEÑA EN U.S.A.: NUEVAS VOCES DE LIBERACION ANACAONIANA*
(1986)

A mis alumnas de "La Unidad",
Mount Holyoke College.

I

"Anacaona, india de raza cautiva, de la región primitiva...", así empieza la canción del compositor puertorriqueño Tite Curet Alonso que populariza Cheo Feliciano en la década de los sesenta, y que exporta desde San Juan a Nueva York, como también al resto de Latinoamérica.

Anacaona, por ser elemento integral de la canción popular, es manifestación de la cotidianeidad y de la experiencia histórica de Latinoamérica. Como en otras ocasiones desde los sesenta, se da voz a una figura histórica latinoamericana hasta entonces silenciada por el discurso oficial dominante. Al hacerse popular el evento/sujeto histórico de la india Anacaona, en los setenta, funciona como modelo y representación colectiva, reconectando al pueblo con su bagaje cultural en la re-actualización de un areyto[1]: "Anacaona, india de raza cautiva, de la región primitiva...Anacaona, areyto de Anacaona". La india, figura madre, es quien da origen a una voz colectiva y rebelde en la danza/canto de liberación de los pueblos cautivos y esclavos.

La presente lectura del discurso poético de las puertorriqueñas en U.S.A., es decir, lo que denomino las nuevas voces de liberación anacaoniana, va de la mano del rescate que hace la canción popular de la figura histórica de Anacaona, la india poeta. Mi propósito es centrarme en ella como modelo matrístico para definir un discurso poético

*Este ensayo apareció en: *Escribir en los bordes*, Berenguer et al. (Cuarto Propio: Santiago-Chile,1990) y en su versión en inglés, en: *Breaking Boundaries,* Horno et al. (U. of Mass. Press: Amherst, 1989).

femenino subversivo a partir de los años setenta. En mi lectura, la figura de Anacaona remonta a las poetas estudiadas, a un origen madre, a un origen afroantillano, en fin, a un origen borinqueño. No sólo es conciencia histórica del pasado antillano, sino que nos enfrenta cara a cara con la tradición oral que mantiene viva y latente la historia de todo un pueblo. Se demuestra en dicha oralidad la importancia que tiene la cultura popular en la construcción de la identidad de un pueblo, la constitución de un sujeto colectivo y la representación de sus expresiones artísticas. De esta forma el discurso oral se superpone a uno exclusivamente literario perteneciente a la intelectualidad letrada.

El regreso a las fuentes originales valiéndose de la oralidad, es fundamental cuando se procura establecer la definición e interpretación de un discurso literario de mujer, como el que se analiza en este trabajo. Demás está decir que la ideología dominante ignora la conexión de las mujeres con su propia tradición literaria de mujeres escritoras, o más bien le impide el acceso a ella. La editora de la antología *Cuentos: Stories by Latinas,* una de las pocas antologías publicadas con material literario sólo de mujeres, en su introducción se refiere a tal problemática en los siguientes términos:

> *"Somos herederas de una cultura de silencio. Aún así, hay mujeres en Latinoamérica que se han atrevido a escribir desde Sor Juana Inés de la Cruz en el siglo 17, hasta Rosario Castellanos, Clarice Lispector, Julia de Burgos y María Luisa Bombal en el siglo 20. Estas escritoras, sin embargo, son prácticamente desconocidas en los EE.UU. La latina criada en EE.UU. por lo tanto, no tiene acceso a su propia herencia literaria. El llamado "boom" de la novela hispanoamericana sólo indica que los norteamericanos han descubierto que los hombres latinos saben escribir. Aún así, es necesario determinar hasta qué punto la mayoría de las escritoras latinoamericanas puede considerarse nuestra herencia. Al igual que los escritores, muchas de ellas funcionan en una clase media ostensiblemente blanca y escriben con una perspectiva e identificación masculina[12].*

La cita anterior especifica cómo la misma escritura de mujeres latinoamericanas, que pertenecen a una intelectualidad letrada, deja fuera a la mujer latina en EE.UU. Me explico: si las mujeres son herederas de una cultura de silencio y si las que se han atrevido a romper el silencio en Latinoamérica, pertenecen, en cierta manera, a la "ciudad letrada", es obvio que dicho discurso es un espejo deformante que no interpreta la realidad histórica de la mujer no-burguesa en el espacio estadounidense. Para estas mujeres latinas en U.S.A., es la tradición oral la que gesta y germina su discurso a priori.

Conviene definir el contexto socio-histórico en que se produce dicho discurso. Es un discurso que parte de la experiencia concreta de las mujeres puertorriqueñas de una segunda generación inmigrante de clase obrera, o bien de aquéllas que no provienen de la clase obrera misma, pero que sí se identifican con ella. Son mujeres también que eligen auto-denominarse, dentro del contexto social y racial estadounidense, "mujeres de color". Esa identificación no es simplemente una postura anti-burguesa, sino que brota de factores de opresión racial y económica en U.S.A. Mas, se complica la fijación de este grupo, al considerarse los miembros de esta segunda generación puertorriqueña que entran a los círculos letrados cruzando de la frontera oral a la literaria, del "ghetto" al "campus", de una clase social a otro estrato social. Con tales complejidades y divergencias socio-económicas, políticas, ideológicas, culturales ¿cómo establecen estas mujeres en U.S.A. un discurso propio? ¿Cómo puede la crítica articular una explicación e interpretación de ese discurso en términos a la vez latinoamericanos? Dado que el canon oficial latinoamericano margina y silencia doblemente este discurso –primero, por ser de una mujer y segundo por la condición colonial y lingüística del pueblo puertorriqueño– ¿cómo se va representar simbólica y discursivamente esta sujeto mujer? No hay duda que los ciudadanos intelectuales de la "ciudad letrada"[3] en Nuestra América, han excluido de ella a las mujeres. Por esta razón, an-

tes de incursionar en el discurso de las mujeres puertorriqueñas en U.S.A., es indispensable detenerse en dicha "ciudad letrada" a riesgo de perderse en ella. Recordemos que
es laberíntica y solitaria, y a las mujeres no les está permitido el "walking around" a solas por ella.

II

Entremos por ejemplo a la galería simbólica patriarcal del
discurso hegemónico y falogocéntrico de esa ciudad que se
empezó a gestar en la época colonial. Consideremos a una
de las figuras que han interpretado al latinoamericano y que
han establecido una tradición literaria. Si ese símbolo para
los latinoamericanos en 1900 fue Ariel, si éste se proyecta
a varias décadas como el símbolo del liberalismo positivista latinoamericano, si éste incluso aparece en *La Charca*[4]
de Zeno Gandía en 1894 (para ubicarnos en el contexto
puertorriqueño), ésta fue una definición mediatizada de la
latinoamericanidad. Por lo tanto, *Ariel*[5] representa la perspectiva de una clase dominante que define la cultura latinoamericana desde una ideología racial determinista, en la
que la mujer no aparece para nada, o si lo hace como en
el caso de *La Charca*, se ve reducida a simple objeto de placer sexual.

De la misma manera, la contrapartida de *Ariel*, el *Calibán*[6] contemporáneo es también una representación parcial
que excluye a la mujer latinoamericana. Si bien es cierto que
Calibán sirve de símbolo en reconocimiento de la condición
colonial y neo-colonial del ser latinoamericano; si bien es
cierto que Calibán es reconocido como esclavo rebelde, es
de todas maneras, un símbolo que nos interpreta a medias.
Calibán sigue siendo la voz de sólo la mitad de Nuestra
América, la voz del hombre latinoamericano, y sigue siendo un símbolo dependiente del código literario europeo, sigue siendo un símbolo que se nombra desde Europa. Sin
embargo, lo que atrae de la figura de Calibán, tanto a las
mujeres como a los hombres latinoamericanos, es precisa-

mente su potencial de rebeldía dentro de la esclavitud, y por eso mismo nos hemos sentido interpretados por ese signo europeo del que muchos, por su eurocentrismo, han hecho un símbolo latinoamericano. Pero, en el momento en que se detecta la falta de voz de la madre de Calibán en *La Tempestad* de Shakespeare, se percibe cómo Sycorax, esa madre autóctona, aparece silenciada en el texto europeo y luego en los textos latinoamericanos. Sólo se sabe algo de ella a través de Próspero y de Ariel, su eco. Para ellos Sycorax era una bruja maligna, nacida en Argelia, soberana de su isla antes de la llegada de Próspero. Es Calibán quien se los recuerda: "This island's mine, by Sycorax my mother"[7], reconociendo así su linaje matrilineal. Pero ella no aparece como personaje, sólo desaparece deformada y monstruosa; se la silencia en el texto del "civilizador" –Próspero– y se la establece como no-texto amenazante, por tener ella sabiduría autóctona que podría destruir el mundo "civilizado" de la magia blanca de Próspero. Aunque en los "Apuntes sobre la cultura de Nuestra América", el *Calibán* de Roberto Fernández Retamar consolida una necesaria liberación latinoamericana, en lo anteriormente planteado, Calibán se hace cuestionable como símbolo autóctono latinoamericano, por dos razones primordiales:

1) No se hace mención a la madre de Calibán; se vuelve a silenciar a la mujer.

2) Hacia el final del ensayo, Fernández Retamar sugiere que el intelectual latinoamericano tiene dos modelos masculinos europeos, y son dos opciones sólo para el hombre: "servir a Próspero como Ariel, (que serían los intelectuales de la anti-américa) o "unirse a Calibán en su lucha por la verdadera libertad"[8].

Para la mujer intelectual latinoamericana, el unirse a Calibán significaría una liberación parcial, porque mientras no se rescate a su madre, mientras no se le dé voz a la mujer, no hay tal liberación total del pueblo. Pero tal rescate de Sycorax implicaría para las mujeres latinoamericanas, permanecer dentro del discurso dominante impuesto, sería seguir definiéndose y funcionando con los códigos ideológicos, mitológicos y epistemológicos colonizantes europeos que hacen de la mujer una bruja/diosa, Eva/Ave, explotada/adorada por el hombre. Por lo tanto, la alternativa más viable, tanto para la mujer como para el hombre latinoamericano, es la recuperación de la madre rebelde, autóctona-Anacaona-dueña original de la tierra americana, invocadora del areyto, voz colectiva originaria. Como dice la canción: "Anacaona, india de raza cautiva... oí tu voz como lloró...tu libertad nunca llegó". De esta manera, Anacaona es la madre de un pueblo que fue colonizado, que perdió su lengua materna y su tierra, al serle arrebatadas por la más grave expresión del patriarcado occidental: la conquista y el colonialismo.

Obviamente la canción popular y la tradición oral, aunque devuelven la memoria colectiva del origen, no son suficientes para reconstruir la imagen de la madre indígena y su tierra. Para esta reconstrucción de la historia literaria latinoamericana sólo nos podemos valer de las crónicas, únicos manuscritos oficiales, en que aparecen los protagonistas históricos, cautivos de los españoles en América. La *Crónica* de Fernández de Oviedo en los libros referentes a Puerto Rico hace nota de la persona de Anacaona:

> *"En el tiempo que el comendador mayor D. Frey Nicolás de Ovando gobernó esta isla, hizo un areyto ante él Anacaona, mujer que fue del cacique o rey Coanabo (la qual era gran Señora): y andaban en la danza más de trescientas doncellas, todas criadas suyas, mujeres por casar; porque no quiso que hombre ni mujer casada (o que oviese conocido varón) entrasen en la danza o areyto"[9].*

En este primer retrato de Anacaona se aprecia el carácter esencialmente femenino, la centralidad de la voz femenina y la dimensión colectiva de su areyto. Tales características del personaje histórico coinciden con la tradición popular de la cultura puertorriqueña (caribeña en general) que reconoce a la matriarca como figura principal, portadora y continuadora no sólo de la estirpe sino también de sus modelos culturales de y para la acción social y su sobrevivencia. Anacaona, además, es mujer en plena posesión de su cuerpo y de su discurso. Oviedo, con estupor la describe:

> *"...y assi era esta Anacaona en vida de su marido y hermano; pero después de los días dellos fue, como tengo dicho, absoluta señora y muy acatada de los indios; pero muy deshonesta en el acto venéreo con los chrisptianos, y por esta y otras cosas semejantes quedó reputada y tenida por la más desoluta muger que de su manera ni otra ova en esta Isla. Con todo esto era de grande ingenio, y sabía ser servida y acatada y tenida de sus gentes y vasallos, y aún de sus vecinos"*[10].

Es claro que se rescata entonces la figura de Anacaona como soberana "de grande ingenio", soberana de su tierra, de su pueblo, y dueña y señora de sí misma, en cuerpo y alma, respetada por todos, a pesar de la crítica misógina implícita del "historiador" europeo al referirse a su liberación sexual. No hay duda que el marco de negatividad en que la fija el cronista es una estrategia patriarcal más, con el propósito de desautorizar su poder y su control, desvalorizándola en términos de deshonestidad y libertinaje.

Pero esta estrategia patriarcal peyorativa, desde una lectura feminista socio-cultural, no funciona. Al contrario, Anacaona se impone y usurpa el poder de las heroínas europeas, pero sobretodo desplaza a Ariel y a Calibán. Anacaona pasa a ser el símbolo de una voz femenina rebelde que incluye las voces de todo una pueblo original, como también las de un pueblo presente que ha sido marginado, oprimido, silenciado. Si "Anacaona" autoriza un origen colectivo de liberación, que la canción popular rescata, en el presente estudio se han establecido las bases para ubicar la rebeldía de Anacaona, en relación paradigmática a las

nuevas voces poéticas puertorriqueñas en U.S.A., y es por
eso que las denomino: voces de liberación anacaoniana.

III

And I am a woman, not a mistress or a whore
or some anonymous cunt whose initials barely
left an impression
on the foreskin of your nationhood[11].

Es la hablante del poema de Sandra María Esteves que
se autodefine entera (woman) y se define en contrapunto
a como la percibe la cultura dominante. Es una mujer cuya
fuerza matriz logra transformar lo negativo de la sociedad,
en fuerza vital, amor. La misma fuerza creadora la encontramos en un poema de Luz María Rodríguez que aparece
en la antología *Nuyorican poetry*. Tan importante es la figura de la madre/abuela en este discurso de autoafirmación,
autodefinición y autopercepción femenina, que el poema va
precedido de la siguiente introducción que recalca la centralidad y el valor positivo de esa madre, en cuanto fuerza
transformadora:

Luz once told Vilma Linares, an actress in the Niuyo-
rican Theatre Festival that whenever her father showed
no love she had to be patient and show him love.
That's how Luz's mother taught her to absorb aggres-
sion and transform it into strength[12].

Tanto el poema como su introducción sintetizan e ilus-
tran la entereza del carácter de la mujer puertorriqueña en
el espacio estadounidense, que proyecta desde sí misma hacia una comunidad en que se valora lo femenino:

i feel the we
of my body
flowing through
the cycle of woman.
Blood rush down
cleanse my womb.

My hair at motion,
limbs in stimulation,
effecting sensation,
submerging in love[13].

De esta manera este discurso poético constituye un cuestionamiento constante a la cultura occidental, y dentro de ella, al concepto de maternidad burguesa, que define a la madre en su rol doméstico pasivo, sumiso, servil y silencioso; concepto por lo demás, en el que se ve a la madre como intermediaria ante el poder masculino, pero nunca como agente activo de su vida y de las de sus descendientes. Estas poetas dan una respuesta creativa y subversiva al concepto burgués de la maternidad en sumisión. Sirva de máximo ejemplo el conocido y debatido poema "A la mujer borinqueña" de Sandra María Esteves, en el que la hablante destruye la imagen pasiva de la madre/abuela para transformarla en agente de cambio colectivo:

> *...I do not complain about nursing my children*
> *because I determine the direction of their values*
> *I am the mother of the new age of warriors...(p. 63)*

De hecho, la maternidad se da y se vive en términos aplicables a una comunidad indígena, y va más allá de la práctica materna de la familia nuclear occidental. La madre anacaoniana es una madre en contacto directo con un pueblo y con su tierra, con su tradición, y es comunitaria, no solitaria. Una conciencia similar expone el yo lírico del poema de Salima Rivera, "Ode to an Island", en que el "We" del enunciado une el Yo/nos identificados con el origen indígena de la mujer borinqueña:

> *Preciosa, We sing in profound adoration,*
> *A nymph in green velvet*
> *enshrined by the sea.*
> *Borinken, mi madre,*
> *Like a child who worships*

> *The goddess who bore her,*
> *My words are jewelled offerings*
> *I lay at your feet*[14].

Como se puede apreciar en el poema recién citado el discurso poético surge de la identificación con la madre indígena –desdoblada en Anacaona– que trasciende el plano puramente doméstico y que se proyecta a un plano histórico-político-nacional, desde sus orígenes. No son mártires silenciosas, ni lloronas fantasmales, estas hablantes-madres, sino que son rebeldes, con una causa muy específica: la liberación no sólo individual, sino que la liberación de la madre-patria:

> *Y si la patria es una Mujer*
> *then I am also a rebel and a lover of free people*
> *and will continue looking for fiction in empty spaces*
> *which is the only music I know how to play*[15].

En el instante en que estas poetas desmitifican la cultura dominante, ellas van produciendo un discurso dinámico en su proceso dialéctico creando nuevos mitos que son producto de sus vivencias específicas y cotidianas como mujeres latinas residentes en U.S.A. Para estas poetas, la escritura es un proceso doble: desconstruyen los mitos impuestos por el discurso dominante (que las deforma), y construyen un mundo mítico vital (que es autóctono, que reactualiza los mitos originales latinoamericanos). En este proceso, la unión de las mujeres con la naturaleza parece serles imprescindible. Por eso, la presencia de la madre-tierra-Borinquen, es constante temática en estos poemas. Para ellas, la madre-tierra/Borinquen no es una evocación nostálgica del Paraíso Perdido, sino que es un reconocimiento de la íntima relación, y de la necesidad de la relación entre naturaleza y mujer, dado que ambas son potencial de vida y participan de un ciclo natural, evidente. Es por eso que aún en la aridez, el espacio urbano del concreto de las grandes ciudades capitalistas de EE.UU., las imágenes de

fertilidad abundan en estos poemas. "Mambo love poem" de
Esteves comienza de la siguiente manera:

> *Carlos y Rebeca move*
> *and the room fills with blazes of red flaming*
> *pianos breezing spicy tunes as coconuts fall*
>
> *from palm trees ancient to those children*
> *as coconuts fall from imaginary palm trees*
> *ancient to boricua souls. (p. 31)*

No sólo se representa el paisaje tropical caribeño "imaginario", sino que hasta la nieve y el viento, ideologemas
míticos que hacen presente implícitamente en el poema, lo
negativo del clima nórdico y sugieren la frialdad anglosajona, adquieren en este discurso, una función de belleza po-
sitiva y creadora:

> *Who is he*
> *who would call the snow ugly?*
>
> *Who is she*
> *Who would reject the breathing wind*
> *carrying the spirit of life*
> *perhaps the soul of her next mother. (p. 69)*

Más aún, las imágenes de fertilidad no sólo se refieren
al poder reproductivo de las mujeres, sino que por sobretodo representan su poder creativo. En su poema dedicado
a Ntozake Shangé, Esteves reúne en él, ese doble poder de
las mujeres:

> *Fertile woman is fire and thunder*
> *The voice of justice bringing the people up*
> *The new day*
> *A new way to live*
> *Bringing hope into our children's souls*
> *Green*
> *Green*

Fertile woman is green
Sea of fertility
Creator of destiny
Fertile woman rise
Reaching to the sky that fills us with being
Fertile woman rise and harvest the earth
With natural creativity
Motion of majesty. (p. 69)

Volvemos a recalcar que las voces de liberación anacaoniana rehusan sucumbir ante los riesgos y desafíos que le presentan las estructuras del poder dominante. En esta lucha en especial, al referirse a la opresión y explotación que sufre el pueblo puertorriqueño en U.S.A., por ejemplo, las hablantes de los poemas una vez más rompen con otro mito que se le ha impuesto a la mujer puertorriqueña –ellas no son sumisas, no son dóciles, ni tampoco usan la "treta del débil" para enunciar su discurso, en una palabra, ya no se imaginan ni se les puede hacer creer que son débiles. Su palabra, por lo tanto es agresiva y por sobre todo, irónica. La crítica a una sociedad de consumo, tecnológica, deshumanizante, es categórica, sin rodeos, como lo establece el poema de Amina Muñoz: "Welcome to San Juan, the oldest city in the U.S.":

...on the T.V. the politician smiles
an ultrabite smile, saying
you've come a long way baby-
unemployment has risen from 15% to 25%
three families
that live in the same house
watch him amazed.
T.V. has become very popular here
the beach has a sign-
KEEP OFF
U.S.PROPERTY it says.
...
meanwhile a young student
at rio piedras lies on her concrete grave.

the national guard decided
she got in the way
of the 51st star of the yanqui flag[16].

El recurrir a la ironía es defenderse de una cultura que ellas perciben como antivitalista, que destruye a su pueblo. Su ira se manifiesta en contra de la situación de violencia y destrucción en que vive el puertorriqueño bajo el colonialismo estadounidense. Más explícita no puede ser la hablante del poema "Fruits of War", de Salima Rivera, que dice:

A poisonous bile of hatred
fills my veins as I see you sprawled
bleeding into the scorched foreign soil
giving sustenance to the thirsty earth - Murdered!
for an undefinable cause
dying
a lonely
ignoble death[17].

Ya Hélène Cixous ha señalado que un texto femenino no puede ser otra cosa que un texto subversivo; de acuerdo, pero la subversión que emana de los textos de las voces anacaonianas, no es una rebeldía aislada, éstas son voces rebeldes que constituyen una parte esencial de un discurso poético total, de esperanza y lucha colectiva del pueblo puertorriqueño; un pueblo que la mayoría de las veces, es excluido de su contexto latinoamericano, desde que fue invadido por la marina norteamericana en 1898.

Mas, por medio de la mujer/poeta en su lucha colectiva contra el poder imperial, causa directa de la existencia de los llamados "ghettos" estadounidenses, se denuncia desde las entrañas del monstruo mismo, la penetración yanqui en la Isla. Al desafiar al Tío Sam, las hablantes de los poemas se unen a los poetas masculinos, para crear juntos un espacio imaginario propio, nacional, de belleza y autodefinición, que oponen al mundo colonizante que los oprime a ambos. Amor y belleza, por ejemplo, cosechan la pareja en el poema de Esteves, "For Tito":

> *together*
> *we reap mystical sugarcane in the ghetto*
> *where all the palm trees go ripe*
> *and rich with coconut milk*[18].

Pero no todo es color de rosa en las relaciones de pareja; en el momento en que se enfrenta la poeta al hombre, en una sociedad machista, tampoco se callan las hablantes de los poemas anacaonianos. Iracunda y rebelde, anti-virginiana, como diría Ferré, es la hablante del poema "False Idols", de Salima Rivera. Dice:

> *I can't dig you*
> *when you say*
> *"It's a man's destiny to rule".*
> *That would make me*
> *a subject*
> *an object,*
> *and the Lord knows*
> *I don't believe in weak deities*[19]

Al leerse los poemas recién citados nos vemos enfrentados a una visión de mundo vitalista, antiburguesa, que se opone drásticamente a la indolencia de una burguesía dominante, autoritaria y conservadora; autoritarismo que forja un estatismo tal, que sólo conduce a la apatía, a la inercia y a la muerte. Por el contrario, estas poetas proponen un mundo en movimiento, un proceso, una dialéctica, un discurso vital, en el que hay una esperanza de una mejor vida, práctica no esencializante. Como lo ha declarado Sandra M. Esteves: "The artist is the life Force". Fuerza vital fue Anacaona en su areyto primitivo como nos lo recuerda la canción, que nos dio pie para entablar este reencuentro con la voz femenina puertorriqueña, una de las tantas voces latinas en U.S.A. Con la figura de Anacaona, a la vez histórica y popular, ahora podemos recorrer las calles del Barrio, acompañados de un coro femenino que obviamente está situado al margen, pero a un margen muy diferente al de las escritoras institucionalizadas en el canon de la cultura dominante. El problema de estas últimas es que las escritoras latinoamericanas residentes en U.S.A., las acomodadas en el canon, están en un callejón sin salida, porque siguen, si no dentro, si no en el centro, en los barrios de clase alta de la "ciudad letrada". Las voces anacaonianas, las poetas puertorriqueñas en U.S.A., por el contrario, han sido localizadas, fuera de esa ciudad, por eso su discurso no ha sido leído/oído, sino que ha sido silenciado, pero no es silencioso: es un grito rebelde de liberación desde "el Barrio", lejos de Puerto Rico, de Latinoamérica. Son voces latinoamericanas que lloran, gritan, cantan, bailan su liberación. Y su baile no es danza oligárquica decimonónica; es bomba, es plena, es salsa, es rumba, es merengue, es mambo, es "A chant":

> it's on the roof
> 100 proof
> plátanos
> bacalao
> and a million african gods
> bump their way up madison ave.
> to 116 st.
> cause
> it's in my sneaker
> a bag of reefer and
> willie colon knows
> the dominoes
> on the table
> merengue to
> ave maría and la plena
> and when they party
> they drink bacardi-
> cause puerto ricans are bad
> uh,huh
> puerto-ricans are bad
> uh, huh[20].

Su canto/baile es ritual que actualiza el baile primitivo comunitario, tribal: el areyto caribeño. Como en un principio, las nuevas voces de liberación anacaoniana llevan su palabra verdadera, una palabra unida a la tierra/madre ausente, una palabra arraigada a la realidad concreta de las mujeres puertorriqueñas "born in el Barrio", una palabra que nombra, y que por lo tanto pone en movimiento, la liberación no sólo de las mujeres, sino la de la colectividad puertorriqueña y latina en U.S.A. "Anacaona oí tu voz", dice la canción, así también las nuevas voces anacaonianas se hacen oír, y hay que oírlas en el presente histórico latinoamericano: desde el Barrio en U.S.A. hasta el mismo Cono Sur. Sólo entonces afirmaremos, Anacaona, se oyó tu voz.

Notas

1   Reunión tribal, religiosa, educacional, política, acompañada de danza y canto/poesía.
2   "Introducción", *Cuentos: Stories by Latinas,* Alma Gómez et.al., eds. (Kitchen Table Women of Color Press: New York, 1983), p. VIII.
3   Me refiero el libro de Angel Rama, *La ciudad letrada.*
4   Manuel Zeno Gandía, *La Charca* (Instituto de Cultura Puertorriqueña: San Juan, Puerto Rico,1970).
5   José Enrique Rodó, *Ariel,* (Biblioteca Anaya: Madrid, 1971).
6   Roberto Fernández Retamar, *Calibán: Apuntes sobre la cultura de nuestra América,* (Editorial La Pleyade: Buenos Aires, 1973).
7   William Shakespeare, *The Tempest* (Cornmarket Press: London, 1970), p. 20.
8   Fernández Retamar, p. 82.
9   Eugenio Fernández Méndez, *Crónicas de Puerto Rico: desde la conquista hasta nuestros días* (1493-1955), (Editorial Universidad de Puerto Rico, 1976), p. 76.
10 Gonzalo Fernández de Oviedo, "Fragmentos" de *La historia general y natural de las indias,* 1535, Libro XVI, en: Fernández Méndez, p. 76.
11 Sandra María Esteves, *Yerba Buena* (Greenfield Press: Greenfield Center, N.Y., 1980), p. 49. Todas las citas de este volumen aparecerán en el texto, entre paréntesis, con el número de página correspondiente.

12 En Miguel Algarín y Miguel Piñero, *Nuyorican poetry: An anthology of Puerto Rican words and feelings* (William Morrow Inc.: New York, 1975), p. 129.
13 En: Algarín and Piñero, p.129.
14 Salima Rivera, "Ode to an Island", en *Nosotros, Revista Chicano-Riqueña,* Año 5, Número 1, 1977.
15 Sandra María Esteves, "From the Commonwealth", en: Margarita Fernández-Olmos, "From the Metropolis: Puertorican Women Poets and the Immigration Experience", in *Third Woman,* Vol. 1, Nº 2, (1982), p. 47.
16 En Algarín and Piñero, p.109.
17 En *Nosotros*: Revista Chicano-Riqueña, Año V, Nº 1, 1977.
18 En Algarín and Piñero, p.129.
19 En: *Nosotros*: Revista Chicano-Riqueña, Año V., Nº 1, 1977.
20 Amina Muñoz, "A Chant", en: Algarín y Piñero, p. 111.

TONI MORRISON,"MUJER FENOMENAL" y ESCRITORA GENIAL*
(1993)

Tomo el título del poema "Phenomenal Woman" de Maya Angelou, escritora afroamericana, contemporánea de Morrison, para celebrar a la escritora destacada con el premio Nobel de Literatura,1993. Toni Morrison es una mujer fenomenal y una escritora magnífica tanto por su labor política en defensa de los derechos humanos, como por su producción literaria en la que nos da una visión de mundo compleja, que cuestiona a fondo la cultura dominante de su país y nos desafía a cambiar los paradigmas culturales con que leemos las letras de las culturas norteamericanas de hoy.

Tal vez importe en este momento inicial, ubicar a Morrison dentro de la cartografía literaria de los EE.UU. Nace en 1931 y su primera novela aparece en 1971, podemos decir que biográfica y escrituralmente es contemporánea de Allen Ginsberg, Adrienne Rich, Anne Sexton, Silvia Plath, James Baldwin, Flannery O'Connor, John Cheever, John Updike, Norman Mailer, Bernard Mallamud, Saul Bellow, Tomás Rivera, Joyce Carol Oates, Edward Albee, entre otros, porque la lista es tan ancha y extendida como lo es la América del Norte. Pero Toni Morrison pertenece también a un grupo de escritoras afroamericanas que, como declara una de ellas, Mari Evans, forman "la matriz de mucho de lo clásico, lo significativo y nutriente de las letras afroamericanas". Entre ellas se destacan: Maya Angelou, Toni Cade Bambara, Gwendolyn Brooks, Alice Walker, Margaret Walker, Ntozake Shange, Audre Lorde. Nombro a aquéllas que proceden directamente de los movimientos sociales de los 60, de los movimientos en pro de los derechos civiles, militancias y acciones que les permitieron resquebrajar el

---

*Este texto apareció publicado en: Revista *Mujeres en Acción* de Isis Internacional, N° 4, 1993, Santiago-Chile.

poder patriarcal blanco norteamericano, e instalar sus voces en las instituciones culturales que desde entonces ya no
podrán verse nunca más únicamente blancas.

En más de una ocasión, Toni Morrison reconoce su ancestro literario en dos figuras afroamericanas: Ralph Ellison
y Toni Cade; con este gesto rescata la cultura afroamericana y señala el lugar central que tiene en su creación. Así
también sus primeras palabras al recibir la noticia del Nobel
fueron para su madre: "Doy gracias a Dios de que mi madre esté todavía viva y que pueda compartir el premio conmigo"... y luego agrega: "Lo más importante para mí es que
el premio ha sido otorgado a un afro-americano". No hay
duda que el compromiso político de Toni Morrison es con
el pueblo afroamericano, y así lo explicita en una de las
antologías más importante sobre la literatura afroamericana,
Black women writers (1950-1980): A critical evaluation, edi-
tada por Mari Evans; Morrison afirma sin titubear en el artículo "Rootedness: The ancestor as foundation", incluido en
la antología de Evans:

> *"...Si todo lo que hago, al darle forma en novelas o en
> lo que sea que escribo, si no trata de la aldea o de la
> comunidad, o sobre ti, entonces no trata de nada: no
> estoy interesada en enfrascarme en un ejercicio pri-
> vado de la imaginación... lo que quiero decir, es que
> sí, la obra debe ser política".*

Tanto las declaraciones de Morrison al recibir el Nobel,
como esta última cita nos aclaran su gesto político y nos
obligan a leerla desde el ángulo que ella misma nos señala. En realidad lo que sucede con la escritura de Morrison
es que nos fuerza a releer el canon literario norteamerica-
no, que por siglos se pintó de blanco (porque el blanco
también es un color); si no, sólo cabe recordar la enorme
silueta de Moby Dick de Melville que por demasiado tiempo ocultó las representaciones de la cultura mestiza/mula-
ta de la América del Norte. Paul Lauter en un ensayo clave
"Race and gender in the literary canon", sostiene que no será

hasta la década de los setenta, y en respuesta a los movimientos de las "gentes de color" (como mal llama a las personas de otra raza que no sea la blanca) y de las mujeres, cuando empezaron los académicos, profesores, antologadores a enfrentar la tarea sistemática de revisar una visión de conjunto del corpus literario norteamericano. La tarea de revisar el canon literario, se ha hecho necesaria dice Lauter, porque en la década de los veinte, se desencadenaron procesos que virtualmente eliminaron del canon a los escritores de raza negra, a las mujeres y a todos los escritores de clase obrera... Factores institucionales, políticos, históricos y teóricos provocan esa exclusión. Obviamente, dice Lauter, "varias son las coordenadas culturales que establecen los cánones literarios, pero lo que importa es la influencia que éstos ejercen, porque codifican una serie de normas y valores sociales... El canon literario es, en suma, un medio por el cual la cultura valida el poder social". Es por eso que en los últimos años feministas, críticos/as progresistas como Lauter, críticos de culturas no-dominantes, se embarcan en la tarea de reconstrucción del canon literario.

En este contexto la figura de Toni Morrison es imprescindible. En su último libro de ensayos *Playing in the dark: Whiteness and the literary imagination*, publicado por la editorial de la Universidad de Harvard en 1992, hace tal vez la lectura más provocativa y cuestionadora del canon literario norteamericano y propone una mirada crítica política del mismo. Lo que Morrison aporta en *Playing in the dark*, es una reflexión sobre el efecto que tiene en las personas el vivir en una sociedad históricamente racista, con el consecuente resultado que tiene esta situación en la escritura norteamericana de los siglos 19 y 20. Para ello hará una relectura de Gertrude Stein, Henry James, Willa Cather, Edgar Allan Poe y Ernest Hemingway, entre otros. Por ejemplo, en relación a la obra de James –y más que revelar el racismo de James, su intención es develar la función encubridora de la crítica hegémonica– afirma: "Es posible, por ejemplo, leer a la crítica sobre Henry James exhaustivamente, y nunca encontrar la aprobadora mención, ni mucho menos un tratamiento satisfactorio, de la mujer negra que lubrica, que hace girar la trama del cuento "What Maisie Knew", mujer negra que se convierte en la agente de la elección moral y quien le da sentido al cuento". Más adelante en el mismo capítulo, leemos: "Son pocas las excepciones, pero la crítica de Faulkner agrupa los temas principales de ese escritor en mitologías discursivas y trata su obra posterior –cuyos temas se centran en las categorías de raza y clase– como obras menores, superficiales, marcadas por su decadencia". La argumentación de Morrison en los diferentes capítulos de *Playing in the dark*, podría resumirse en que ella considera que "lo racial" se ha convertido en una gran metáfora: una forma de referise a fuerzas, eventos, formas de decadencia social, de divisiones económicas, y de pánico humano. Una de sus ideas más interesante e inquietante en este libro de ensayos, es la que se refiere a lo que Morrison considera rasgos característicos de la literatura norteamericana, tales como el individualismo, la masculinidad, la insistencia en la inocencia de los protagonistas, que junto con la obsesiva configuración de la muerte y del infierno, son para ella, meras respuestas a una presencia, que se percibe por la cultura blanca como oscura y constante, que se tolera pero no se acepta como "americana". Morrison proporciona múltiples ejemplos de la presencia de la negritud rechazada, tachada; la negritud sería aquello que ubican, los escritores de la cultura dominante, en el sitio de la otredad, pero que para los afroamericanos es el centro mismo. Un ejemplo: "El africanismo", dice Morrison,"es el vehículo, por medio del cual el Yo Americano (el del nuevo hombre americano de un Emerson), se reconoce libre, no-esclavo; se reconoce deseable, no repulsivo; no inválido, sino poderoso; no ahistórico, sino histórico; no condenado, sino inocente; no como un ciego accidente de la evolución humana, sino como un logro progresivo del destino... Es este africanismo, desplegado como lo crudo y lo salvaje, lo que va a proveer el escenario para la elaboración de la quintaesencia de la identidad Norteamericana", arguye Morrison. Civilización versus barbarie, también son categorías aplicables a la America del Norte parece revelarnos Toni Morrison, y resume diciendo: "Eventualmente el individualismo se fusiona con el prototipo de los americanos: solitarios, alienados, descontentos". "¿De qué están alienados los americanos?", se pregunta Morrison, "¿de qué son tan inocentes, diferentes?". En cuanto al poder absoluto, "¿sobre quién se ejerce, a quién se le niega, con quién se comparte?". *Playing in the dark*, es un libro valiente, desafiante, inteligente, iracundo, y necesario para entender el silencio de siglos, de miles de voces negras postergadas en las letras norteamericanas. Por eso Toni Morrison celebra el Nobel, no como un logro individual, sino como un premio a la producción literaria afroamericana.

La obra novelística de Toni Morrison, no es menos provocativa, ni menos bella. Me voy a concentrar en dos novelas: una del comienzo de su carrera, tal vez la obra que ha provocado más polémica, *Sula* de 1973; luego intentaré una aproximación a su novela más reciente, *Jazz* de 1993. Veinte años de producción de obras poderosas de la imaginación negra, de la imaginación universal. Me centro en estas dos novelas para ceñirme al marco de referencia que me daban las palabras de la propia Morrison y que citaba al comienzo de este ensayo: escritura centrada en las mujeres, y escritura comprometida con la comunidad, la cultura afroamericana.

"¿Cuándo supo Ud. que era escritora?", pregunta Claudia Tate en su libro de conversaciones con escritoras afroamericanas y Toni Morrison no vacila al contestar: "Cuando escribí *Sula*". *Sula*, es su segunda novela, una historia conmovedora de dos mujeres; narra las vidas de las protagonistas desde su infancia y adolescencia en un pueblito de Ohio, los diferentes caminos que siguen sus vidas, hasta la confrontación y reconciliación final. Ambas mujeres sufren las consecuencias de sus elecciones de vida; ambas tienen que decidir si pueden o no, dar cabida al amor que se tienen, y ambas en su conjunción, crean un retrato inolvidable del cómo sobrevivir en una sociedad racista, clasista y patriarcal.

La novela abre con la descripción del lugar, de la comunidad, en Ohio. Primer indicio del afán de Morrison de problematizar la noción de comunidad, porque no es una comunidad cualquiera, sino que es una comunidad en que la presencia del ancestro materno estructura tanto las relaciones interpersonales como las de la comarca entera. Las matriarcas son el centro de la comunidad, y no hay idealización de la misma; Sula se alejará del lugar para ir a la universidad, pero volverá al pueblo, al lugar donde está su historia de infancia, donde reside Nel, su amiga, que juega el rol de matriarca, y le da el amor que no encontró ni en casa de su propia madre, ni en ninguna otra relación.

Si bien es cierto que Morrison, en sus novelas se centra en los lugares de origen de los protagonistas, si se interesa en detallar la comunidad, el barrio negro, sus personajes serán viajeros incansables. Viajan buscando la libertad física o la libertad interior, sobretodo sus mujeres. Así en esta novela, la noción del viajar de un lugar a otro, será integral al desarrollo de la historia como también al desarrollo de la conciencia individual de Sula, en relación a su pasado, en relación a su comunidad. Decía que esta novela ha sido muy polémica. Pareciera ser que la revisión histórica desde la filiación matrilínea es uno de los desafíos que nos plantea Morrison en *Sula*, y que su protagonista autónoma, independiente, un tanto picaresca, fuera, entre otros elementos, quien desencadena la polémica, incluso para las críticas feministas. Pero me parece que el elemento que escandaliza en esta novela, es que Morrison es capaz de escribir el erotismo en mayúsculas, y escribirlo en contra de la erosión y la represión de la sexualidad femenina, sobretodo cuando se canaliza bajo la mirada del deseo masculino y se sofoca en la vida doméstica. Sula se vive la sexualidad como se le da la gana. En un pueblo tan conservador como el suyo, desafía todas las convenciones sociales. Primero, no se casa; luego, se acuesta con los maridos de otras, incluso con el de su amiga Nel; tiene muchos amantes a quienes abandona rápidamente; se enamora de un solo hombre con el que convive por un tiempo corto, y por último, reconoce su amistad con Nel como la única relación que perdura en el tiempo y le da un sentimiento de plenitud. Definitivamente, Morrison nos propone pensar la sexualidad desde otro lugar, desde otra mirada, más acorde a la sensualidad que a la genitalidad, y no exclusivamente en una relación heterosexual burguesa, ni tampoco en la familia nuclear. En *Sula*, Morrison escribe las múltiples manifestaciones del erotismo. Erotismo entendido como lo explicita Audre Lorde en su artículo "Uses of the erotic". Lorde define el erotismo como "el alimento o la nodriza de todo nuestro conocimiento más profundo...", y considera que "Nuestro conocimiento erótico nos da poder, se transforma en el lente por el que escudriñamos todos los aspectos de nuestra existencia, forzándonos a evaluar esos aspectos honestamente, en términos del significado relativo en nuestras vidas...". En contacto con lo erótico, dice, "acepto menos el no-poder, o aquellos otros estados aledaños, que no me son nativos, tales como la resignación, la deseperanza, la depresión, la autonegación". Esta definición del erotismo como fuerza transformadora, de Lorde, me parece que calza perfectamente con el tratamiento de lo erótico en la prosa de Morrison en su novela *Sula*, y tal vez por eso, ésta se haya leído como amenazante, porque cuestiona todo un sistema cultural valórico dominante, y porque su protagonista se la juega en el terreno más amenazante para el patriarcado: el de la sexualidad libremente escogida y vivida autónomamente. *Sula* es, para citar al crítico del New York Times que la reseñó al publicarse: "Un grito de amor y de ira, juguetona, divertida como también dura y amarga".

Dura, amarga, divertida y triste, sentimental e intelectualmente provocativa, bella y lírica, es su última novela, *Jazz*. Como su nombre lo indica, la música negra (en toda su complejidad) será eje estrucurador en esta obra. La base de la narración es una historia simple, que será contada en múltiples variaciones y subtemas que imitan el ritmo y las melodías de la música de jazz mezcladas con los sones melancólicos de los blues. El lirismo de *Jazz* nos conecta a más de un solo de Charlie Parker, a más de un largo gemido de Billie Halliday, y en uno que otro momento feliz, al ritmo contagioso, vital del "tap dancing". Es la historia de un triángulo amoroso, una historia pasional, crimen pasional con todos sus ingredientes: celos, dolor, ansia, redención, sexo, esclavitud y liberación. Se repiten los temas que obsesionan a Morrison: la discriminación racial y sexual en una sociedad hipócrita, injusta y materialista, donde la falta de espiritualidad mata toda posibilidad de relaciones humanas, que sean humanas. Donde los personajes se mueven ansiosos y deseosos, con expectativas fuera de su alcance, donde su realidad los sofoca, donde la comunidad ha desaparecido y el barrio neoyorquino apenas logra salvarlos en algunas ocasiones.

En realidad la gran protagonista de esta novela es la ciudad de Nueva York que para la autora se transforma en su ciudad, no la del glamour de Hollywood, sino la ciudad en que vive su pueblo migrante; es el Harlem de hoy en día, pero es también el glorioso barrio negro de los tiempos del Harlem Rennaissance. Sus protagonistas también viajan en *Jazz*; una de las protagonistas, mujer migrante en busca de una vida mejor, se deslumbra con Nueva York, y declara que "está loca por la ciudad"; cómo no ha de estarlo si ella percibe que la ciudad es el lugar en que "una puede hacer lo que quiera"; entra entonces el otro tema central en la obra de Toni Morrison: la mujer que busca salida a la trampa de un aburrido matrimonio, modo de vida aburguesado en la que no encontrará ni libertad, ni amor. En el espacio opresivo del departamento neoyorquino, espacio que habita el matrimonio, sólo encuentra muerte, ansias de amor, temor, desolación. Las calles del barrio neoyorquino sin embargo, son un lugar donde todo es posible; donde mujeres y hombres sí encuentran, por lo menos el goce sensual. En *Jazz*, Toni Morrison logra escribir la sensualidad neoyorquina, que proporciona una sensación de asombro, de posibilidad, de hallazgo y que, para los habitantes de la ciudad, se acentúa en primavera; en esa estación del año los protagonistas, que huelen el olor a la pertenencia, lo reconocen acentuadamente:

"Cuando llega la primavera a la ciudad, la gente se reconoce en la calle; se notan los extraños y se diferencian de aquéllos que comparten pasillos y mesitas; se reconocen los espacios donde cuelgan lavadas las prendas íntimas. Un entrar y salir, entrar y salir por la misma puerta; un tocar las manillas; en buses y en los bancos de los parques apoyar las asentaderas como cientos lo han hecho antes. Es la época del año en que la Ciudad se ve urgida por las contradicciones, instándote a comprar comida callejera cuando no tienes apetito alguno; dándote el sabor de un cuarto a solas, a la vez que mueres por ocuparlo con alguien que pasó por tu lado en la calle. En realidad no hay contradicción, es una condición: el rango de poder que ejerce una ciudad que es arte. ¿Qué cosa podía ser mejor que los ladrillos calientes, al sol?".

Nueva York es la ciudad en que reside Morrison y es la que hace suya en su novela; en ella atesora toda una historia del pueblo afroamericano, así Harlem se ha transformado en el lugar donde reside el ancestro, pero ahora en su escritura. Su texto logra lo que a ella le parece imprescindible para la supervivencia de su pueblo; dice: "Por mucho tiempo el arte que resultaba sanador para el pueblo negro era la música. Esa música ya no es exclusivamente nuestra... así es que otra forma tiene que tomar su lugar, y me parece que los afroamericanos necesitan ahora la novela, como nunca antes... ya no vivimos en esos lugares donde escuchábamos esas historias; los padres no se sientan y les cuentan los cuentos mitológicos, clásicos, arquetípicos a sus hijos... Pero tiene que salir nueva información,

y hay muchas maneras de hacerlo. Una de ellas es la novela".

Sin duda, en *Jazz*, Toni Morrison no sólo logra construir
un relato que relaciona a su pueblo con su historia, su
mitología, sino que los reconecta por medio de su propio
lenguaje; lenguaje que procede de la tradición oral y de la
escrita. Morrison fusiona lo literal y lo oral "para que se pueda leer en silencio pero que a la vez se oigan las historias".
El ritmo que le da a su prosa con esa fusión nos hace po-
nernos de pie, nos hace participar, nos conmueve y nos
hace dialogar con ella y con su pueblo negro. Toni Morrison consigue plasmar en su escritura una visión de mundo
que trasciende lo americano-europeo, dándole otro ritmo a
la novela, cambiando la tradición novelística del héroe in-
dividualista, solitario, a lo Hemingway. En la búsqueda de
un estilo esquivo pero identificable, que entremezcla lo
sobrenatural con lo cotidiano real, en que la magia y la
música son otras formas de conocer la realidad, más cercanas al saber poético; de esa manera Toni Morrison confirma que no hay una sola manera de narrar la realidad contemporánea americana. Con su obra, afirma la diversidad misma de la nación norteamericana, sin perderse en
ella.

Textos consultados

Evans, Mari. *Black Women Writers* (1950-1980), (Doubleday: New York,
    1994).
Lauter, Paul. "Race and gender in the shaping of the American literary
    canon: a case study", en: *Feminist criticism and social change: sex,
    class and race in literature and culture,* ed. Judith Newton and De-
    borah Rosenfelt (Methuen and Co.: London, 1985).
Lorde, Audre. *Sister outsider: Essays and speeches* (The Crossing Press:
    California, 1984).
Morrison, Toni. *Playing in the dark: Whiteness and the literary imagina-
    tion* (Harvard University Press: Cambridge, Ma. and London, 1992).

VIAJE DE IDA Y VUELTA: *LAS CARTAS DE MIXQUIAHUALA* (1994)

"... a place you'll want to go back to and call home too".
Ana Castillo

"Memory as reference... reference is an information but it constitutes above all a form of associative thought".
Nicole Brossard

Teniendo en mente la cita de Brossard que encabeza este ensayo, comienzo mi aventura, la de descifrar la novela de Ana Castillo, de una manera asociativa, fragmentaria, de tanteo. Brossard ha dicho que "un texto da información subliminal en el cómo desea que se lo lea. Su estructura es una declaración en sí misma, diga lo que diga el texto", y concuerdo con ella. Al abrir la novela de Castillo, inmediatamente se nota que la autora se enfrenta a su lector, no permitiéndole que deambule por el texto inocentemente. En forma deliberada ella le sugiere diferentes maneras de leerlo; identifica sus fuentes, y atrapa al lector con diversas citas, dedicatorias, advertencias, con el título mismo. Estas referencias revelan un estado mental, señalan redes literarias, culturales y políticas de diversa índole.

De esta manera la primera cita nos pone en guardia: "Dejé de amar a mi padre hace mucho tiempo. Lo que quedó fue la esclavitud a un esquema"; la cita es de Anaïs Nin de su libro *Bajo una campana de cristal*; con ella, Castillo abre la cadena de referencias que nos ofrece, y enfoca el lente para que el lector participe de su propio proceso de lectura/escritura desconstructivo: su proceso de entrar y salir de un lenguaje que la esclaviza. A continuación leemos una dedicatoria: "A la memoria del maestro del juego: Julio Cortázar", y no, no hay contradicción; más bien su gesto se puede interpretar como un reconocimiento al hecho que el lenguaje nos pertenece a todos y que tenemos el derecho de apropiárnoslo tomando la iniciativa de intervenirlo cuando nos da la impresión de que se cierra y cuando nuestro deseo choca con el uso común del lenguaje. Pero las referencias múltiples que encontramos en este texto no se detienen ahí. La primera carta que leemos en la novela, es precisamente una carta al lector: "Querido lector: La autora está obligada a advertirte que éste no es un libro que deba leerse en el orden normal. Todas las cartas están numeradas para ayudar a seguir una de las opciones que se proponen a continuación..." y luego Castillo ofrece tres opciones, tres maneras de leer su novela: una lectura "para el conformista", una "para el cínico" y una "para el quijotesco"; estos tres adjetivos no sólo describen tres modos de leer, sino que nos refieren de vuelta a Cortázar. Pero se incluye una nota más que agrega: "Para quienes prefieran sólo el cuento, todas las cartas se pueden leer como textos independientes. ¡Buena suerte en cualquiera de los caminos elegidos!". Con esa nota Castillo quiere cerciorarse que sus lectores estén siempre conscientes de sus trucos, por lo tanto antes de comenzar el relato, nos advierte una vez más lo siguiente: "*Las cartas de Mixquiahuala* es una obra de ficción. Cualquier semejanza con personas o hechos reales es sólo coincidencia". En realidad hay muchísimas claves entregadas al lector en estos preámbulos de la novela. Lo primero que se destaca es la intención de proponer la escritura como una experiencia lúdica y el "homage" a Cortázar es suficiente para reconocerlo como antecesor: él es el maestro del juego literario y él es latinoamericano. Lo que realmente nos está diciendo Castillo, es que la exploración del yo en el lenguaje, en la que ella se va a embarcar, es una experiencia lúdica también; que como escritora chicana ella también puede referirse y ser referida a otra cultura que no sea la estadounidense, y que su lealtad es para con aquellos escritores que la unen al lenguaje de la transgresión, de la subversión: Cortázar y Anaïs Nin. Lo que aclara en este principio fragmentario es que cuando escribe, ella lo hace: "con y contra la literatura... inspirándose en diver-

sos autores y textos varios... en contra de la mediocridad y
de los clichés que promueve el 'establishment' literario". Ana
Castillo trasciende las fronteras de referencias literarias estadounidenses, va más allá del criollismo, y supera las de
la literatura "éngagé".

En abril pasado, cuando visité Mount Holyoke College,
tuve la oportunidad de conversar brevemente con Castillo;
fue entonces cuando ella misma me dio otra clave para
leerla, otra referencia; ella me dijo algo así: "He leído a Lispector, y me abisma la similitud entre lo que ella hacía, y
lo que me he propuesto hacer yo". No me olvidé de este
comentario al pasar, ya que también había reconocido correspondencias entre Lispector y Castillo, especialmente
entre *The Mixquiahuala letters* y *Aqua viva*; estas dos obras,
no sólo son novelas epistolares, sino que ambas escritoras
controlan sus textos celosamente, para evitar ser mal inter-
pretadas; ambas comparten la desconfianza del lector/a afue-
rino/a. Ambas escritoras se embarcan en "un viaje de la lengua", como diría Nélida Piñón, al hablar de un viaje físico
del ser y del llegar a ser, de mujeres creando sus propios
ritmos, encontrándose en ellos. Ambas escritoras trabajan la
parodia y la ambigüedad para desafiar tanto el arte como
la vida de los códigos patriarcales, con gran sofisticación.
Ambas, con una simplicidad de discurso increíble, le dan
una voltereta a la tradición del narrar, en un acto por excelencia subversivo.

"Ha pasado casi un mes desde que comencé a recordar
la saga de Yucatán. La conclusión debe ser la causa de mi
dolor de estómago y no el chicharrón en salsa picante que
comí hace tres semanas. Para librarme de ello, debo tomar
distancia: un cuento sin ritmo/El tiempo fluye". Escribiendo el lenguaje del cuerpo, "écriture femenine", llámesele
como quiera, Castillo posiciona los cuerpos de sus narra-
doras, el de Teresa y el de su silenciosa interlocutora, en
el cuerpo del texto novelístico, el sitio de la escritura: "The
body as a metaphor of energy, intensity, desire, pleasure,
memory and awareness".

The Mixquiahuala letters, es un viaje del lenguaje a través de la memoria, o mejor aún, un viaje a través de la memoria hacia el lenguaje. Y tal vez todos los escritores atraviesan el lenguaje, por lo menos todos los poetas lo hacen; y Castillo es poeta que escribe una novela lírica, enfocada en lo íntimo y personal. Es un viaje en busca de significado, un viaje hacia el viaje último, un viaje o una búsqueda cuestionando el sentido de la vida de una mujer. Pero, preguntaría otra vez, ¿es esa búsqueda similar a la que emprende el héroe de la gesta heroica masculina? ¿Puede serlo? Y es probable que algunas mujeres se acerquen al viaje como lo hacen los varones, como grandes épicas, pero la mayoría de ellas produce otro viaje, uno más cercano a una exploración, o a una aventura: la de inscribir su cuerpo mujer, su sexualidad femenina, su deseo femenino, con sus propias experiencias, en los textos que escriben; en consecuencia la fragmentación es característica de muchos de estos textos. Castillo elige un género fragmentario deliberadamente y equilibrará sus rupturas con silencios, espacios en torno a las palabras, que paradojalmente le permiten a su narradora continuar el hilo de su propio texto. Pero todos los viajes lingüísticos son diversos, como lo son las mujeres que los escriben; diversos como lo son las mujeres alrededor del mundo, según su edad, raza, opción sexual, etnia, su status político o la condición social a la que pertenecen o representan. Sin embargo hay rasgos comunes en estos viajes: los ritmos que crean son similares, ya que las pulsiones de las manos productoras del movimiento, de las palabras, fluyen de cuerpos que reconocen su lugar al borde de la cultura dominante. Este reconocimiento del lugar que ocupan en dicha cultura se deja ver, como de soslayo, en la carta número 19: "Qué repulsivas éramos, susceptibles al ridículo, al abuso, a la falta de respeto. Esperábamos respeto en tanto que seres humanos, pero el único respeto que se otorga a una mujer es el que un caballero concede a una dama. Y evidentemente no éramos damas... ¿Cuál fue nuestra mayor transgresión? Viajábamos solas. La suposición aquí es que ninguna de las dos servía como compañera legítima de la otra". ¿Pero viaja Teresa, la protagonista, sola? ¿O es la voz que narra, un yo complejo en proceso de autodescubrirse a través de la escritura? Recordemos que la autora nos invitó a jugar. De modo que cuando conocemos a las dos personajes principales nos quedamos bastante perplejos. ¿Las conocemos alguna vez? ¿O estamos siempre en presencia de una narradora que vuelca sus pensamientos a una página, en una carta que supuestamente contestará su destinataria, Alicia? ¿O, no serán Alicia y Teresa los opuestos/complementarios, los gemelos de todo mito fundacional? Sólo que esta vez los gemelos son femeninos, son gemelas. ¿Será ésta una manera de empezar a liberarse de patrones culturales esclavizantes? Permítaseme una disgresión: en un ensayo inédito, "Reocupación de la escena", la poeta argentina Diana Bellessi alude a Lévi Strauss para referirse a los mitos fundacionales y comenta: "los gemelos de las Cosmogonías americanas aparecen como contrarios y no como idénticos. ¿Por qué?... en las cosmogomías americanas,... ahondan sus diferencias hasta mostrar que esta gemelidad es imposible: uno no es reducible al otro... Muestra un imaginario abierto a la diferencia... la apertura al otro que contiene el dualismo amerindio de los gemelos míticos, nos augura la posibilidad de escapar del conjunto binario —incluyendo también naturaleza versus cultura— que el pensamiento europeo ha ahondado, incluso en el discurso de sus movimentos libertarios. Se afirmaría así, un poder desorganizativo de los sistemas, más que la voluntad orgánica universalista".

No cabe duda que los mitos y arquetipos amerindios comparecen en el texto de Castilla desde lo profundo de un inconsciente colectivo. En muchos sentidos las dos protagonistas de la novela rehacen las antiguas figuras fundacionales: son opuestas en su quehacer, en su manera de ser, en sus ancestros; Teresa, la narradora es poeta chicana, su contraparte, Alicia, es pintora y anglosajona, aunque una de sus abuelas era gitana de origen hispano. Ambas figuras femeninas se oponen pero se complementan y en ciertos momentos se funden una con la otra, aunque siempre conscientes de sus diferencias. En esta estructuración dual, habrá siempre una referencia a la figura del espejo, en el texto.

Muy al comienzo de la novela Teresa escribe: "Tú eras el océano, inmenso y horizontal, y tu cabello la marea que entraba a conocer la playa. Tú me mirabas mientras yo caminaba por tu orilla, con la cabeza erguida, un vestido de muselina desgarrada y un pequeño bulto apretado contra mi pecho... Era parte de la cultura que no me permitía separarme. Tú, por tu parte, te sentías aislada..."; la imagen del espejo se hace más evidente hacia el final de la narración: "Durante la primera mitad de la década, éramos un único objetivo, una única identidad, sin discriminar el ser de la otra... no ligadas únicamente por la sincronización del 'tai chi' cuando en medio del caos iniciábamos movimientos como de grulla en cámara lenta, una y su espejo... When one is confronted by the mirror, the spirit trembles".

En esta cuasi simbiosis, Teresa/Alicia viajan cargadas de memorias muy antiguas, de palabras ancestrales: canciones de cuna, palabras sueltas, historias, y supersticiones heredadas; palabras que las salvan más de una vez, o que por lo menos disminuyen su temor cuando el viaje se torna demasiado peligroso. Es la mezcla de todos estos elementos: voces, ritmos, lenguajes, lo que hace de *The Mixquiahuala letters* una novela de tanta complejidad, de prosa mestiza. Para hacerle justicia debemos leerla desde distintos ángulos, tal como lo sugiriera la autora al comienzo de la novela. Permítanme otro abordaje.

"The voyage out". ¿Otra referencia? Sí, pero no Woolf, sino Cortázar otra vez: "Del lado de allá", *Rayuela*, el espacio que Cortázar contiene en una cita: "La matin de magicien": "Pero qué decir de la insuficiencia de la inteligencia binaria en sí misma" que podría leerse como "el viaje hacia afuera", en esta novela, como la pulsión que empuja a estas dos jóvenes mujeres en busca de su identidad, a irse un verano a México. Pero una salida no es suficiente para estas dos viajeras en camino a la adultez.

El ejercicio indagatorio se repetirá una y otra vez, hasta que sea tiempo de volver a casa. El viaje hacia el adentro. "Del lado de acá", es para Cortázar el lugar en que cita a Apollinaire: "Il faut voyager loin en amant sa maison". Y para la protagonista de Castillo, Teresa, la constante añoranza por llegar a casa. ¿Y en qué consiste el retorno a casa? En la carta número 26, comenzamos a entender su significado; podría ser el lugar donde habita el legado ancestral, como parece indicar el párrafo que sigue: "Ciudad de México, revisitada desde la infancia, y luego otra vez como mujer. A veces veía la antigua Tenochtitlán, hogar de mi madre, abuelas y bisabuela, como el seno abrazador que me recibe y mece mi cuerpo y mente fatigados para que duerma en su corazón tumultuoso, sobrepoblado, palpitante, perpetuamente latente".

Después de muchas aventuras, muchas historias de amor tristes, un ingrediente infaltable de sus aventuras, Teresa decide regresar a la casa de su madre en Chicago, casa que no podrá ser nunca suya. El único hogar que habitará será el que construye con sus propias palabras: *The Mixquiahuala letters*, basadas en la memoria, ese recipiente de resonancias, referencias que colman nuestro imaginario. En realidad tanto Teresa como Alicia retratarán en su propio arte, la figura de la casa. La casa, el hogar, es "La Casita", que Alicia pinta, que construye en su arte. Bachelard ha dicho: "Toda gran imagen simple es reveladora de un estado de alma. La casa es, más aún que el paisaje, un estado de alma. Incluso reproducida en su aspecto exterior, dice una intimidad". Miremos "La Casita" de Alicia a través de los ojos de Teresa; ¿Qué ve?: "Las figuras en esa serie son muñecas enojadas, hechas de papel maché con tu propio cabello. Están paradas en el muelle con dimensiones desproporcionadas y esperan; ojos negros miran fijamente al espectador perturbado, mediante mañas odiosas... Una muñeca enojada dentro de la casa, frente a una mesa chueca con utensilios de cobre y vasijas de barro, miniaturas de verdad. La otra se ahoga en el mar, que puede verse desde la ventana de la casita... variaciones de la memoria de honestidad surrealista". ¿No corresponderán estas miniaturas pintadas por Alicia, a las cartas (¿cuentos miniatura?) que escribe Teresa? Porque ambas nos transportan a diferentes tiempos, espacios que a su vez nos llevan a las profundidades de la memoria, al reino de la imaginación. Y después de todo, ¿no es un cuento una imagen que se expande cuando se lo asocia con otras imágenes extraordinarias? ¿No es así que la estructura de la novela, compuesta de cartas, resulta similar a la naturaleza surrealista de la serie "La Casita" de Alicia? ¿No será este paralelismo entre la escritura de una, y la pintura de la otra, otra manifestación de su naturaleza gemela? Recordemos que en el mundo precolombino la importancia del dibujo, del arte, es indispensable para completar el sentido de la escritura. De esta manera, Castillo crea una estructura laberíntica, difusa, multivocal, multivisual. Porque cuando avanzamos en la lectura de la novela, y nos encontramos con las protagonistas acechadas por diferentes dificultades, nos encontramos inmersos en un texto cuyo tratamiento del tiempo no es lineal, y cuyo espacio es además ambiguo, rugoso; en ese espacio/tiempo, la imagen original "the undiscernible origin of my being", se despliega, viaje tras viaje, carta tras carta, imagen tras imagen, como si el cuerpo textual fuera mirado bajo una gran lupa de aumento. De esta manera Teresa vagabundea, entrando y saliendo del tiempo cronológico, del tiempo-espacio míticos, en un proceso de auto-preservación, de auto-examen emocional.

Al fin de cuentas, la única casa a la que retornan Alicia y Teresa es la que construye este proceso de expansión de la conciencia: su arte. Tal vez, lo que ambas descubren es que la creación de una figura externa, que hace eco de la interna, es la única forma de retornar a casa: la única certeza de existir "temblando frente al espejo". ¿Pero cómo se retorna a casa? "...caminando la tierra... tierra como historia y suelo y fragmentación. La Tierra que devuelve la memoria o la inventa", responde Bellessi desde el Sur. ¿Acaso Mixquiahuala no es el lugar en que la casa del arte emerge soberana con voces murmurantes adentro? ¿O no es también aquel lugar al que la poeta del Norte, Ursula Le Guin, nos insta a volver: "Return with us, return to us,/be always coming home"?

Si me preguntan qué final escojo, de todos los que ofrece Ana Castillo, al comienzo de su novela... no lo duden: el quijotesco es el que escojo, porque me trae de vuelta al comienzo, a la carta número uno, al principio de la escritura, dándome los pensamientos de Teresa en este juego, que corroboran la búsqueda mítica de ella y la nuestra: "No sé si las palabras ayudarán a prometer que al final del viaje uno vuelve a casa con un propósito: para recomenzar". ¿Quién sabe dónde nos llevará este viaje "a través de la tierra de la belleza y de la intriga profunda"? ¿Dónde nos llevará la próxima vez? ¡Quien sabe!

Textos consultados

Bellessi, Diana. "Reocupación de la escena", texto inédito que forma parte de un libro de ensayos en prensa por aparecer en Buenos Aires, 1996.

Brossard, Nicole. "Poetic Politics", en: *The politics of poetic form: Poetry and public policy*, Charles Bernstein ed.(Roof Books: New York, 1990).

Le Guin, Ursula. *Always coming home* (Bantam: New York, 1985).

VERSOS DE TRASLADO: POEMAS DE LORNA DEE CERVANTES* (1995)

> *"A poem is its words. It may be recreated in a different language, but then it is a new poem, a new plant, as Shelley says, sprung from the idea-seed of the old one".*
>
> Ursula Le Guin

I

Lorna Dee Cervantes es una de las poetas más importantes de la década de los ochenta dentro del canon de literatura chicana, y es heredera de una visión utópica y revolucionaria de su pueblo en U.S.A.,visión que procede directamente de los movimientos sociales de los años sesenta en ese país. La conocí en Mount Holyoke College, en una conferencia sobre "Educación y Creación para/por Latinas: Inside the Monster", en 1981; en esa ocasión pude constatar que estábamos en presencia de una poeta importante; poeta arriesgada, tanto en el tratamiento del lenguaje poético como en los temas que abordaba en su obra. En esa ocasión me impresionó su valentía, solitaria en esos años, cuando se trataba de denunciar la discriminación racial en la América del Norte; es así que en los poemas que recogen su gesto político, no tiene pelos en la lengua para denunciar el racismo que azota hasta el día de hoy, a los habitantes de culturas "minoritarias" residentes en U.S.A. Su identidad Chicana y su propuesta poético-política es, por lo

---

*Lorna Dee Cervantes nació en San Francisco, California. Ha sido editora de Mango Publications. Su poesía ha aparecido en *Revista Chicano-Riqueña* (hoy *Revista The Americas*), *Samisdat, The Berkeley Poetry Review, Latin American Review,* y en numerosas antologías de escritores "latinos" en los Estados Unidos. En 1978, recibió la Beca de "The National Endowment for the Arts". Es autora de *Emplumada* (Pittsburgh University Press, 1981) y *From the cables of genocide: Poems of love and hunger* (Arte Público Press, 1991).

tanto, clara y desafiante; está configurada y traspasada por el dolor, la lucha y la tensión de una mujer comprometida con su pueblo silenciado, marginado.

Cervantes ha dicho: "Siento un compromiso profundo y una total dedicación para con mi trabajo poético. Elijo la poesía como una forma de vida"[1]. Sin duda, la fuerza de su palabra poética, la constituye su lengua: procedente de una cultura arcaica y de una estirpe matrilineal, que le permiten crear una lengua-madre mestiza con la que transgrede los códigos del lenguaje impuesto, y de la que extrae los elementos para articular un discurso de conciliación entre el ámbito de lo privado y de lo público de su experiencia de mujer chicana. Por sobretodo, Cervantes está comprometida con el rigor del pensamiento poético. Su lirismo alcanza mayor altura en los poemas de amor, que ella deliberadamente refiere a poetas de habla hispana y a la poesía amorosa de estos: Neruda, Lorca, entre otros. A la vez, Cervantes está cruzada por los discursos poéticos de la gran poesía norteamericana: no sólo la de los "Beats", sino también la de Wallace Stevens, Denise Levertov, Silvia Plath, para nombrar a los más presentes en su poesía. La nutre entonces una tradición oral aprendida en la lengua bilingüe de su entorno familiar (afianzada en el ritmo de la lengua que hereda de la abuela indígena), y sus lecturas la ponen en diálogo con la tradición poética universal. Al participar de ambas tradiciones, Cervantes se instala entre los mejores poetas de U.S.A. Sabía que en este libro no podía faltar Lorna Dee Cervantes, y pensé que la mejor manera de hacerla comparecer, era la de aventurarme en la traducción de algunos poemas suyos, para acercarlos a aquéllos que no leen inglés. Ya lo sé, traducir siempre traiciona, pero espero que este intento supere la vanidad de traductora, al decir de Shelley, y logre trasladar algo de la poderosa voz de Cervantes a nuestras latitudes.

---

1   Ver: Dexter Fischer, *The third woman: Minority Women Writers of the United States* (Houghton, Mifflin Co.: Boston, 1980).

II

"Poema para el joven blanco que me preguntó si yo, una persona inteligente y letrada, podía creer en las guerras raciales"

En mi tierra no existe la discriminación.
Los alambres de púa opresores
fueron tumbados hace tiempo. El único
recuerdo de las batallas del pasado, ganadas o perdidas,
es una cierta podredumbre que muestran los campos fértiles.

En mi tierra
la gente escribe poemas de amor,
llenos de sílabas que se parecen a niños alegres

Todo el mundo lee cuentos rusos y llora,
no hay fronteras.
No hay hambre, ni tampoco
escasez, ni avaricia.

No soy revolucionaria.
Ni siquiera me gustan los poemas políticos.
¿Piensas que creo en las guerras racistas?
Lo puedo negar. Logro olvidarlo
cuando me encuentro a salvo,
cuando habito mi propio continente imaginario,
mi hogar, pero no estoy
allí.

Creo en la revolución
porque a lo largo y a lo ancho queman cruces, y marchan
a paso de ganso los baleadores hostiles, y en todos los
rincones hay blancotiradores en las escuelas...
(Sé que no me creerás esto.
Creerás que es sólo una exageración a la moda. Pero
la balacera no apunta hacia ti.)
Son discretas las balas, y están diseñadas para matar lentamente
Apuntan hacia mis hijos
Estos son hechos ciertos.

Deja que te muestre mis heridas: mi mente titubeante, mi
lengua siempre defensiva, y esta
persistente sensación de sentir
que no se es lo suficientemente apropiado.

Estas balas penetran más profundo que la lógica.
El racismo no es un acto intelectual.
No puedo curarme las heridas con la razón.

Tras mi puerta
hay un enemigo real
que me odia.

Soy poeta
y anhelo danzar por los tejados,
murmurar delicados versos sobre la dicha
y bendición de la convivencia humana
y trato. Voy a mi tierra, mi torre de palabras y
corro el cerrojo, pero la máquina de escribir no desvanece
el ruido de los golpes de ira embozada.
Me abofetean a diario los días
que invaden recordándome
esta tierra no es
mi tierra

y ésta es mi tierra

No creo en las guerras racistas

pero este país
está en guerra.

(De: *Emplumada*)

"Narcisos"

para Jay

"Verde, que te quiero verde"
Federico García Lorca

Es cierto - amo
los narcisos amarillos, suculentos
radiantes. "Todas las cosas amarillas
son buenas", dicen los Pueblo
Tú, eres maíz azul, el color
de las venas del norte corre por tus muslos.
Eres azul, el color de la aurora
cuando el péndulo de la tierra desiste,
cuando tu amor se alza de la cama de piedra
y el deseo, sonambulea a la bestia.

Quiero - es cierto - un tallo
del trigo de tu aliento funeral
que cubre tus huesos, finos como largas
*uñas que ciñen la flor. **Verde***
***que te quiero verde** y la magia de los dedos*
negándole el camino a la vida,
hojas amarillentas en el invierno
de los sauces. Mis ramas abrazan y acogen,
mis manos completan la forma del río.

Y es cierto, cosecho amor
como otros recogen aliento para el llanto
y amo la dorada luz que pesa
sobre los pétalos del narciso. Amo
tus cielos de cobalto, la levedad del aire
que empuñas. Llevas la cabeza
como se regala el narciso al sol. Déjame
ser el verano, más allá de las malezas abundantes
aquéllas que alguna vez fui, cuando mi alma morena
se cobijaba en la tumba, invernal de la tierra niña.

(De: *From the cables of genocide: Poems of love and hunger*)

"Le petit mal"

a lo Neruda

Amor, si muero
¿cómo explicártelo?
Los pájaros abrigan ácaros
en sus pechos

¿y quién lo sabe?
¿Quién habla del oscuro
secreto sigiloso de las pérgolas
escondidas? Si fuera ave

sería la pluma
de un pájaro, tan liviana
como tus cenicientas cejas desvaídas
como el surco del balbuceo

de la piel de tus labios. Me
aprovecharía de tí,
escarabajo
mis piernas

entre las tuyas. Penaría
solitaria ante la sentencia
de tu nombre. Ofrecería
una plegaria a tu esperanzado

pecho, temblaría ante
delgadas montañas fluviales
y emplumada entonces
sería un pájaro despierto

de corazón murmurante
con carcaj y arco;
mi flecha -flechada
por ti. Muerta.

(De: *From the cables of genocide: Poems of love and hunger*)

"De amor y de hambre"

> *Puedes, no querer hacer nada, y*
> *decidir hacer esto en vez de*
> *aquello: sopa de puerros, quiero*
> *decir. Entre la voluntad de hacer*
> *algo y la de no hacer nada, hay*
> *una línea divisoria finísima: el suicidio.*

Marguerite Duras
"Sopa de puerros".

Alimento
tu hambre
y hambre
me das
mientras
rechazas
el sustento
que te doy
Lo primero que se siente es hambre.
La imaginación, lo último.
Eres mi sexto sentido
amante imaginario
perdido sustento.

Lo primero, elegir el alimento,
grieta primera, fatal
en su accesibilidad,
temeraria en la lengua
de la cruel negación.

Palabra primera.
Primera mirada.

Sustento,
amor confiado.

(De: F*rom the cables of genocide: Poems of love and hunger*)

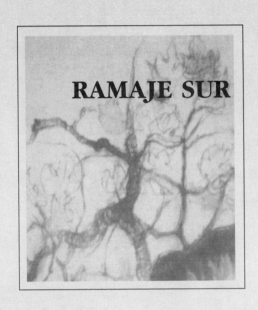

RAMAJE SUR

"Os he puesto a vosotras, palabras todas
debajo de mi almohada,
una blanca, una negra, así, contrapesándose,
lo simple y lo difícil,
los dientes del pararrayos mascando agua de origen".

Winett de Rokha

INTRODUCCION A LA POESIA DE
DELIA DOMINGUEZ *
(1980)

Con excepción de Gabriela Mistral, la obra poética de las mujeres chilenas, ha sido demasiado descuidada por la crítica. Esta situación no nos sorprende, porque sabemos que la ignorancia y el menosprecio hacia la producción literaria de las mujeres no es nada nuevo. Recordemos como se lamentaba la propia Mistral en una carta a Eugenio Labarca, hace muchos años atrás: "No está demás que le diga lo que pienso sobre la literatura femenina en general, sin especializarme en nadie. Hay una montaña de desprestigio y ridículo en Chile echada sobre las mujeres que escribimos"[1].

Hoy en día sucede más o menos lo mismo y si no se desprestigia la obra literaria de las mujeres, sí se ignora. No se la estudia, no se la incluye en antologías, ni se la cita en los artículos de los estudios de actualidad, y en caso de que se lo haga, se la descalifica. Como muestra un botón: "Gran parte de la poesía femenina más reciente, signada por las huellas de la Mistral, lleva a caricatura la voz de la poetisa. Es una 'poesía' superflua, excrecencia del confort, baratillo estético de lujo"[2]. Efectivamente han habido "poemas tontos, melosos y lagrimosos" como los catalogaba Mistral, pero por qué pensar en ésos, y no en los de grandeza poética que permanecen en el silencio. O será que, para citar a nuestra poeta Nobel nuevamente: "Lo que nos ha perdido es la 'pata' de Uds., el elogio desatinado de los hombres

---

*Cuando escribía mi tesis doctoral, una de mis alumnas de Mount Holyoke me trajo de regalo los libros de Delia Domínguez, que su madre, chilena sureña, conservaba en Nueva York. De ese encuentro con la obra de Domínguez y de la entrevista que me concedió la autora en enero de 1979, surgió esta temprana lectura de su poesía; este texto se leyó luego en Mount Holyoke College, Massachusetts, como parte de un Seminario interno de la Facultad de Estudios Latinoamericanos, en 1980, y se presentó para su publicación en la revista *Chilenos en el exilio*.

que no se acuerdan al hacer sus críticas, de los versos escritos por tal o cual mujer, sino de sus ojos y su enamoradizo corazón..."[3].

Se necesita estudiar la obra poética femenina con seriedad y considerarla como parte de un todo, disponerlas, "descubrir su posición dentro del conjunto de acuerdo con las predisposiciones y tendencias de cada una"[4]. Es lo que se merece y lo que intentaremos hacer con la obra de Delia Domínguez, sólo para comenzar una larga tarea por delante.

El aislamiento en que se da la producción literaria de las mujeres, a consecuencia de la indiferencia del mundo literario establecido, se refleja en las propias palabras de la poeta. En una entrevista reciente que me concedió en Santiago, al tratar de ubicarse en el mundo poético chileno, titubea y duda de su lugar dentro de la lírica femenina; sin embargo, en relación a los poetas varones se reconoce inmediatamente como parte de la generación de Enrique Lihn y Efraín Barquero, aunque insiste en sentirse solitaria en el panorama poético de sus contemporáneos[5]. Su respuesta refleja el sentimiento de soledad y marginalidad (no de clase, pero sí de género) de las escritoras, que no logran verse como pertenecientes a un corpus literario, como consecuencia de esa falta de comunicación y reconocimento a las escritoras, tan característica entre nuestros literatos; no olvidemos la amargura de Mistral y de Bombal.

Basta entonces de silencio y aislamiento. Domínguez nace en Osorno, en 1931. Crece y se forma en el campo, en el fundo Sta. Amelia, en el paralelo cuarenta, como ella misma señala y recalca: "paralelo de lluvia, de niebla y de bosques que van dejando marcas de agua en todos sus hijos, marcas de madera, de nostalgia que no se pueden borrar jamás"[6]. Con dos de los poetas de su generación, Jorge Teillier y Efraín Barquero, comparte su origen provinciano, origen que hará distintivos sus paisajes poéticos. Delia es de esta generación de poetas, que junto con Lihn y Uribe, comienzan a publicar su obra a comienzos de la década de los años cincuenta. Años difíciles en Chile: época de "servilización, apatronamiento, miseria chilena en general; pero, por otra, nuevas formas emergen que dejan ya vislumbrar una salida para esta deprimente situación"[7]. Años en que la poesía que se escribe será una de conflicto y contradicción, sello ineludible de la poesía contemporánea desde los románticos hasta hoy en día.

La obra de Domínguez está inserta en esa disyuntiva y en esa tradición. Se inicia con un marcado lirismo romántico, pasa por un período de ruptura experimental, para volver ahora último al lirismo inicial. En su primer libro, *Simbólico retorno* (1955), se plantea una cosmovisión romántica de la vida y del arte, cosmovisión heredada de diversas fuentes, claro que primordialmente bajo la influencia del Neruda romántico. La autora es la primera en reconocer la presencia de Neruda en sus comienzos, y en esa palabra campesina que la caracteriza, comenta: "Ningún creador puede abstraerse y ser como un hongo que creció espontáneamente de la tierra y ser tan macanudo... Pablo gravita como una rueda de carreta encima de los creadores que están debajo de él"[8]. Sin embargo, su cosmovisión romántica de la vida y el arte, la sorprende cuando se lo hacen notar: "Algunos me dicen que soy romántica porque escucho a Beethoven, no sé, no me importa..."[9]. Y es que no sólo en música muestra preferencias románticas, sino que prefiere leer a Rilke, Heine, Hölderin entre los escritores europeos. Entre sus compatriotas, fuera de Neruda claro está, se inclina por Jorge Teillier, muy cercano a ella, tanto en sus ideas sobre poesía como en la admiración de ambos por Rilke. Ambos encuentran en el escritor alemán un hermano de alma, al sentir que: "Las cosas dotadas de vida, las cosas vividas, las cosas admitidas en nuestra confianza, están en declinación y ya no pueden ser reemplazadas. Somos tal vez los últimos que conocieron tales cosas. Sobre nosotros descansa la responsabilidad de conservar no solamente su recuerdo (lo que sería poco y de no fiar), sino su valor humano y lárico"[10]. Domínguez conserva ese "valor humano y lárico" y la correspondencia con la poesía de Teillier reside en la importancia que ambos poetas le dan a "la poesía como creación del mito, y de un espacio y tiempo que trasciendan lo cotidiano, utilizando muchas veces lo cotidiano"[11], palabras de Teillier que muy bien describen la postura poética de Domínguez. Ella también va en búsqueda incesante de fusión entre vida y poesía. Es entonces, romántica por su sensibilidad, por su anhelo de absoluto, por la sobrevaloración de lo espiritual y por la tendencia a proyectar su yo en la naturaleza exterior. Es romántica a su vez, por ese dualismo tan característico en ella: su apasionado idealismo y ese contacto recio con lo real y concreto.

En sus primeros libros se aprecia la voz de la poeta visionaria que afirma la existencia de un orden, de un sentido inmanente en la Naturaleza y en el Universo. Desde un principio se lee una voz que tiene por misión plasmar la verdad y revelarla a través de la palabra poética:

> *Desde la hondura azul me llamas tierra,*
> *abierta tu garganta como un largo camino,*
> *de tus poros renacen los siglos a tocarme*
> *y soy la que te vive sobre las piedras*
> *azotada de pájaros y sombras,*
> *vertida hacia tus venas, aullando los crepúsculos,*
> *con esta boca mía derramada en el canto*[12].

Al sentirse portadora de la verdad, al saberse descifradora del gran enigma, la poeta toma conciencia de la soledad característica de los románticos. Una manifestación más de la soledad romántica, de esa soledad del artista que se siente incomprendido por un mundo insensible y ajeno a su visión. En Domínguez la soledad emerge precisamente cuando se siente descentrada, es decir, cuando pierde la unión con la naturaleza. Al perder su centro, la voz poética buscará el retorno al manatial perdido, el mundo de sus orígenes: la vuelta al Sur, principio y fin, donde el río Rahue se transforma en:

> *Rahue juglar, niño descalzo,*
> *hay en tu sonido una nostalgia antigua*
> *como la muerte misma,*
> *o como el principio de las cosas que lloran...*[13]

En este poema que aparece en *La tierra nace al canto* (1958), libro en que la poeta es portadora de una palabra certera, el yo poético se identifica con el río Rahue (lugar de la boca) para dar testimonio de un mundo armónico y auténtico, el mundo mestizo americano:

> *Despierta la verdad conmigo, indio poeta,*
> *desde esta latitud somos América,*
> *así por esta punta de mi patria entremos*
> *como un navío palpitando sirenas*
> *escribiendo la dulce cantata de la tierra*[14].

Así, en la mejor tradición de literatura testimonial latinoamericana este "río-indio-poeta", se extiende solidario con la América trabajadora y atestigua su conocimiento del entorno geo-social:

> *Yo sé tus malabares, tu escondida ternura,*
> *esa que dices en los atardeceres*
> *cuando las mujeres te rizan en las manos*
> *lavando su ropa blanca y pura, encorvadas,*
> *como una enredadera de palomas*
> *sobre tu muro azul. Entonces,*
> *no eres frío, ni ronco, ni potro solitario*[15].

Más adelante esa misma solidaridad con su pueblo hará que la poeta transforme su canto personal, en uno colectivo:

> *Llámame ahora*
> *desde el primer latido de los astros*
> *aquí estoy, aquí estamos cantando sin soledad,*
> *sin miedo, construidos como tú quieres madre,*
> *con un ramo de espigas reventando en el pecho*[16].

En unión con el hombre y la mujer campesinos, Domínguez nos da la "Presencia del hombre puro":

> *Hombre desposeído, más pobre y puro*
> *que los pelados árboles del invierno,*
> *conozco tanto las hilachas lloronas*
> *de tu manta hechiza, las hilachas*
> *por donde se descuelga la esperanza...*
>
> *ahora estás metido*
> *en la médula animal de cuanto escribo*
> *y pienso*
> *y pronostico*
> *esa era la manera*
> *con tu presencia me pueblas*[17].

Como digna sucesora de la poesía femenina post-modernista latinoamericana, Domínguez está "llena de pasión desnuda", en su caso, para expresar el arraigo a la tierra americana y a las antiguas costumbres de las gentes lugareñas. Sus preocupaciones estéticas en los verso anteriores, de 1963, de hondo contenido popular, son persistentes en su obra. Sin embargo, consciente de las nuevas tendencias en poesía, Domínguez insistirá en su visión romántica: búsqueda de armonía en el mundo y en el arte, tratando de reconciliar arte-naturaleza/lenguaje poético-realidad, reiteradamente:

> *Dirán que me he quedado*
> *estancada en la tierra*
> *muriendo la poesía*
> *en mi frágil comarca humedecida,*
> *pero a mí no me importa*
> *volver a revivirte hermana mía*
> *mi encargo es verdadero*
> *nos nació una raíz*
> *una armónica cuenca estremecida*
>
> *un espasmo bestial y poderoso,*

Juana o Carmela, o duro pueblo heroico
es mi boca tu surco
para criar cantando la semilla[18].

Defiende su poesía y se inscribe en la tradición que Mistral había descrito como "la forma del patriotismo femenino... más sentimental que intelectual... de la emoción del paisaje nativo...". En esa tradición no se puede hablar de "poesía estancada", de hecho Domínguez continuará su intento por exaltar ese paisaje interior en *Parlamentos del hombre claro* (1963).

La coleccion de poemas de ese libro comienza con un credo, un acto de fe: en la tradición, la familia, la persona humana, y la Naturaleza Americana. Pero ese credo es imposible de sostener y, poco a poco, los poemas van anunciando la destrucción de la visión paradisíaca primera:

El hombre de hoy, amor mío,
hace saltar su dolorosa edad
desde el útero mismo acongojado,
es el duro habitante del espacio contemporáneo
al cual le pesan urgentes alternativas[19].

Los "amaneceres con gorrión y araucaria" se han ido, y ante los desastres históricos del siglo, la poeta va cambiando su voz esperanzada, en voz amarga y dice tener "una salmuera pegada al paladar". Su palabra se vuelve mordaz y desolada ante la pérdida brutal de la dignidad y esperanza humana:

los que ayer cantaban su luz en Hiroshima,
su luz llena de redes, de redes con peces
y semillas, que tomaban agua de té fresco
en su bahía, que se hacían a la mar
enarbolando igual que nosotros,
y esperaban hijos de sus hijos, y porvenir
y sol en su bandera, huertos con candeal
y paz en sus eternidades;
también son calaveras desgranadas,

polvo, arena cósmica, señuelos
sobre el muro que te hablaba,
muertos sin esqueleto, corroídos
soñando boca abajo, sin larvas...[21]

Es desde esos versos finales, que en adelante, Domínguez se ubica en "la tradición de la ruptura", perfilándose "atrevida y descalza" como la calificó Neruda, al decir que el lenguaje de su "amiga silvestre" balbuceaba entre "síntomas de interrupción y rebelión".

Contracanto de 1968, y qué año para aparecer, es precisamente uno de esos "síntomas de interrupción y rebeldía". Interrupción del lirismo romántico de sus comienzos, y rebelión en la forma, para dar cuenta de la injusticia de un mundo injusto y de un orden social igualmente injusto. A pesar de que la autora explica la aparición de *Contracanto*, como un "acto de rebeldía ante Dios", debido a una experiencia personal dolorosa, el libro es sin duda, una obra de protesta, a tono con la ira universal de aquellos tumultuosos años sesenta.

Pero no se crea que *Contracanto*, es un libro islote, no lo es. Es parte de toda la poesía que se escribe en Chile a partir de Parra; son poemas en que "la palabra 'culta' y el 'garabato', lo 'político' y lo 'antipoético' se instalan en el espacio del poema como si éste fuera su residencia de siempre"[22]. Con *Contracanto* Delia Domínguez se inscribe entre los antipoetas chilenos:

Te canto como si fuera a morir
Esto quiere decir: me mato cantándote
y da pie para soltarle las polleras
a la metáfora, a hilar cosas preciosas
para la boca de una señorita.

Pero mejor
te contracanto
bajo las linternas enmohecidas
justamente a la entrada del invierno

donde mi guitarra quedó descabezada
en la bohardilla
de mi casa de campo[23].

Aunque el estilo es nuevo en *Contracanto* , estilo corrosivo e irreverente, su cosmovisión se mantiene fiel al resto de la obra de la autora, claro está que con una ironía ("la gran invención romántica") de gran sutileza, y una tensión extrema entre la tradición y la ruptura. No sin vacilar expresa su rebelión, la poeta, en los siguientes versos:

Insisto con la niebla en mi zona
porque la tengo pegada al hueso,
y una persona con arraigo - pienso yo -
no puede tirar la casa, la enseñanza,
el lugar del nacimiento o de la muerte,
con la misma soltura de cuerpo
de quien tira mierda al río. (p. 27)

Definitivamente, la poeta le "suelta las polleras a la metáfora", y su lenguaje se vuelve prosístico, conversacional, narrativo, anécdotico, directo, cotidiano y popular. Lenguaje que por lo demás, refleja el temple de ánimo, las experiencias angustiosa epocales del mundo circundante, a la vez desmitificándolo. Es en este libro donde se percibe con más fuerza que nunca la angustia de la autora al haber perdido su centro. El paraíso intocado, el sur simbólico, desaparecen, y el hombre americano trasplantado a la ciudad, acosado por el progreso materialista y su consecuente "modernidad" deshumanizada, se siente atrapado en una urbe asfixiante:

Todo el mundo subía a los rascacielos,
los policías se llegaban a tragar el silbato
para ordenar el tránsito a la dulce vida
                    o a la dulce muerte
–va a saber uno... con este candor–,
y el reloj del Correo sin ninguna compasión
daba las 12 del día, y el cemento
me apretaba el cogote. (p.78)

Es en esa ciudad donde la infiltración extranjera se implanta como enemiga de la autenticidad popular. En el poema "Datos confidenciales", Delia Domínguez contrapone esa ciudad ajena, deformante, al Sur auténtico y solidario, encarnado en la figura de un poeta desconocido:

Le pidieron a mi amigo
—recién llegado de su pueblo—
* algunas señales o antecedentes*
para llamarlo "poeta"
en los cenáculos de la City,
y mucha gente importante
*   le salió al paso*
y todos.querían examinarlo,
oírlo hablar y saber su otro apellido
amén de recomendarle algunas cosas:
*   un buen peluquero,*
*   un sastre In,*
*   un Club,*
picadas de mujeres excitantes
Discotheques, y
los colores de la temporada. (p. 37)

Ante toda la frivolidad citadina y la de su burguesía extranjerizante, superficial, el poeta protagonista del poema, responde con sus únicas armas: la ironía, con elementos irracionales e insólitos. Entonces, desaparece el inglés de los verso iniciales, y vuelve el lenguaje popular, los chilenismos, a ocupar su lugar central, cuando habla la voz no contaminada:

El amigo no pronunció palabra hablada.
Después de mucho
aflojó que: él venía
de allá para acá,
pero que a lo mejor ya estaba de vuelta
y que metían demasiado ruido
(tragó saliva)
que había hecho el Servicio Militar
en caballería porque era poeta,

que a veces jugaba fútbol a pecho pelado
en los potreros llenos de sol. (p. 37)

Son varios los poemas en *Contracanto* que denuncian la enajenación y corrupción de la burguesía citadina, y dentro de esa crítica no se escapa la mujer; es ella quien entroniza la hipocresía burguesa y su configuración constituye la antítesis de la mujer campesina de la obra anterior de Domínguez. "Confidencias a Madame", es un poema mordaz, de denuncia, y de franco rechazo de los valores que esa burguesía representa:

Sí, Madame,
se acabaron las omnipotencias
de los que vivían
con la nariz empolvada como alfajores,
metidos en invernaderos exclusivos
–donde no cabían las plantas–
sino el peso de la Bolsa Negra
o de la Bolsa Blanca,
y el sol ajeno y apestado
buscado a la fuerza
en todos los veranos del mundo. (p. 82)

La ira ante la esterilidad y el poder destructivo de la cultura dominante, lleva a la hablante, más allá de las fronteras nacionales; le resulta imposible refugiarse en su propio mundo idílico, cuando la destrucción invade a la humanidad entera:

Después
ni siquiera hablábamos en voz baja
porque era injusto
sentarnos en la paz del atardecer
a mirar los rebaños tranquilos
como si el mundo entero siguiera convertido
en una estampa bucólica
colgada a la cabecera de una piadosa señorita
cuando a la gente de Vietnam le ciegan el sol
a balazos. (p. 81)

El dolor de esa horrible guerra, afecta profundamente a la poeta, como a todos los que fuimos testigos de sus estragos de una forma u otra, y Domínguez sigue entonando su "contracanto" para repudiar con entereza, y a voz en cuello, el poder imperialista que destruía el mundo en esos años tristes para la historia de Occidente. En un poema aparentemente inocente, el lenguaje coloquial y la figura de una cantante popular enuncian el mal y nos mantienen alertas a la fea realidad inmediata:

> *(En este rato, me acuerdo*
> *de la querida Joan Baez, que con su guitarra*
> *les saca pica a los imbéciles*
> *que pelean por blanquear la piel*
> *del mundo). (p. 39)*

Y en medio de esos versos airados, surge la nostalgia nuevamente. "Nostalgia por Violeta Parra", es un poema evocativo, lleno de añoranza, no sólo de Violeta, sino de lo que ella representa para la poeta: la pureza de su pueblo. Así le canta Delia a Violeta: "pero no te lloro Violeta Parra/ me afirmo en la riqueza de tu historia", y a modo de queja agrega que aquella pureza antigua, ahora está descompuesta por la presencia extranjera: "hasta vi a los gringos persiguiéndote/ con un atado de dólares porque querían comprar/ *La última creación de arte nativo...*" (p. 46).

Las mujeres, siempre presentes en la poesía de Domínguez, se van perfilando, a partir de *Contracanto*, como figuras centrales en su producción. Y no es cualquier mujer; es la campesina, la lavandera, la poeta "de la Gran Canción de América", la mujer incorruptible, la "Hembra de río adentro", mujeres todas que nos presentará en *El sol mira para atrás* (1977). En este libro ellas vuelven a reafirmar ese intento romántico, constante, de unión con la naturaleza. "Mujeres que regresaron a su greda", dice un poema que comienza el libro; estas mujeres portan todo un ancestro, y personifican a un pueblo, que a pesar del paso del tiempo y de los contratiempos, se mantienen imperturbables en su paralelo del sur:

> *Estás ahí*
> *partida en dos sobre la tierra*
> *atravesada de hijos*
> *de cicatrices costureada*
> *como los toldos de campaña*
> *que esperaron el alba.*
> *Estás ahí, sin música de fondo,*
> *porque no necesitas la música de fondo*
> *apenas tu blusa azul*
> *la libertad de movimientos*
> *y la tierra que pisas*[24].

Sin embargo, este poema optimista, afirmación de los valores tan queridos por la autora, no es característico de todo el libro. La soledad va a deslizarse por los versos y reaparecerá la nostalgia por el paraíso perdido:

> *Cuando la pena se hizo conciencia*
> *y apretamos los dientes*
> *y nunca más tuvimos una almohada de sueños*
> *en el paraíso terrenal...*
> *porque*
> *a plena luz*
> *las manos iban quedando vacías*
> *y los cohetes*
> *no eran - precisamente - señales*
> *luminosas en el cielo,*
> *y compartimos un vaso de vino*
> *un pan*
>
> *y le hiciste cariño a mi perro*
> *y yo me estaba enfermando porque*
> *tenía mucha niebla en el pecho. (p. 87)*

Versos más tristes; versos que surgen de otro momento histórico traumático, doloroso, peligroso, del desolado Chile post-golpe; no extraña que la soledad constante en la poesía de Domínguez se acentúe, en esos años. Aunque la soledad no la asusta, ni la soprende, porque la envolvió, dice ella, desde niña, "al perder a mi madre, a tantos seres queridos". Pero, en este libro hay más desolación. La soledad trasciende la anécdota personal; es la soledad de un Chile donde se echa de menos la solidaridad de antaño, donde ya desapareció la pureza del "sacro lugar", donde nos duelen tantos que se han ido. Sin embargo, al mirar para atrás, (cuando el "sol mira para atrás" anuncia lluvia, dice el dicho popular), la voz de Delia Domínguez, se limpia, y por momentos se vuelve solidaria y colectiva, y no suena solitaria. Tal vez, porque, como vimos desde un principio, ella percibe que su producción es parte del gran "coro clásico-americano-universal" del que nos habla Gonzalo Rojas. Pero a la vez, la voz poética de Delia Domínguez no puede permanecer sola porque se suma a la de todos los que anhelamos el retorno, no simbólico sino real, a los campos del Sur, a la comunidad, al Rahue y a la greda.

Notas

1   Gabriela Mistral, "Cartas a Eugenio Labarca", en *Antología general de Gabriela Mistral* (Santiago de Chile: Homenaje de *Orfeo*, núms. 23-27), pp. 168-9.

2   Jaime Concha,"La poesía chilena actual", *Cuadernos Americanos*, CCXIV (N° 5, sept.-oct. 1977), p.212.

3   G. Mistral, p. 169.

4   Octavio Paz, "Sobre la crítica", *Corriente alterna* (Siglo XXI Editores, México, 1967), p. 41.

5   Eliana Ortega, "Entrevista con Delia Domínguez", Santiago de Chile, 25 de enero de 1979.

6   Ibid.

7   J. Concha, p. 219.

8   Entrevista, enero 1979.

9   Ibid.

10 Jorge Teillier, "Sobre el mundo donde verdaderamente habito o la experiencia poética", *Antología de la poesía chilena contemporánea,* ed. Alfonso Calderón, (Editorial Universitaria, Santiago de Chile, 1970), p. 358.

11 Teillier, p. 356.

12 Delia Domínguez, *La tierra nace al canto,* (Ed. del Grupo Fuego de la Poesía: Santiago, Chile, 1958), p. 11.

13 Ibid., p. 21.

14 Ibid., p. 22.

15 Ibid., p. 22.

16 Ibid., p. 13.

17 Delia Domínguez, *Obertura Siglo XX,* (Ed. del Pacífico: Santiago, Chile, 1961), p. 3.

18 Delia Domínguez, *Parlamentos del hombre claro,* (Ed. Universitaria: Santiago, Chile, 1963), p. 73.

19 *Obertura siglo XX,* p. 71.

20 *Parlamentos del hombre,* p. 71.

21 Ibid., p. 76.

22 Leomidas Morales T., *La poesía de Nicanor Parra,* (Ed. Andrés Bello: Santiago, Chile, 1972), p. 131.

23 Delia Domínguez, *Contracanto,* (Ed. Nascimiento, Santiago, Chile, 1968), p. 19.

24 Delia Domínguez, *El sol mira para atrás,* (Ed. Lord Cochrane, Santiago, Chile, 1977), p. 38.

CONTRACANTO A LA CHILENA
(POESIA FEMENINA A PARTIR DE LA DECADA
DE LOS SESENTA)
(1984)

"¿Qué le sugiere a usted la palabra 'Contracanto'?" pregunta Delia Domínguez, no como simple retórica, en la introducción a su poemario, *Contracanto*, publicado por Nascimento, en 1968[1].

Aunque varias son las respuestas que recoge la autora de diversas personalidades, sobresale la de Adriana Borghero, (entonces jefe de Canal 9 de TV de la Universidad de Chile) quien define el contracanto así: "En la vida muchas veces es necesario cantar al revés para encontrar la propia dimensión como punto de partida para el diálogo humano"[2]. Esta respuesta, procedente de una perspectiva femenina, aclara en parte el "canto al revés" de la mujer-poeta chilena; es decir, es el contrasello de una tradición poética chilena riquísima y mundialmente reconocida en la que dominan los textos masculinos, a tal punto, que apagan el canto femenino, dejan a las mujeres fuera del diálogo humano y la silencian de tal modo que parece que no existieran. En este trabajo me propongo entonces rescatar e intentar una definición de este "canto a porfía" como lo llamaba Violeta Parra.

Al estudiar la poesía chilena se hace evidente que existen dos tendencias discursivas dentro de la lírica femenina: una de dependencia del discurso masculino y otra de independencia del mismo. Ya no es necesario recalcar a lo Bloom que las poetas chilenas son también víctimas de "la ansiedad de la tradición"[3] y oscilan entre ésta y la ruptura. Ya es un hecho que ellas están muy conscientes de su relación con una tradición masculina dominante, y que les es muy difícil sustraerse al tremendo peso hereditario que es el legado de los hombres/poetas: Huidobro, Neruda, de

Rokha, Parra y, más recientemente, Lihn, Rojas, Teillier, Arteche, Hahn. Sin embargo, no se ha señalado que ellas están muy conscientes también de la herencia materna que les ha legado Gabriela Mistral, dado que Gabriela es la mujer "par excellence" a quien la cultura dominante acepta e incluye dentro del patrimonio de poetas consagrados. En adelante para establecer la tradición del contracanto femenino se hace necesario rescatar a Gabriela Mistral del canon oficial masculino y ubicarla en su propia dimensión como mujer-escritora, para así releer el discurso femenino iniciado por ella. Al hacerlo nos damos cuenta que Mistral no es parte de ese discurso dominante, sino que muy por el contrario,· es la iniciadora del contracanto femenino, ya que su obra total, desafía los códigos sociales masculinos, ímplicitamente códigos lingüísticos literarios, e impone un discurso femenino.

Desde un comienzo Gabriela Mistral remece los cimientos de la ideología dominante, sociedad aburguesada-patriarcal, abogando por la justicia social, "por la sencilla poesía del pueblo", por "la lengua conversacional" y por la literatura femenina. Ya en 1923 declara en su prólogo a *Lecturas para mujeres* :

> *Ya es tiempo de iniciar entre nosotros la formación de una literatura femenina seria. A las excelentes maestras que empieza a tener Nuestra América corresponde ir creando la literatura del hogar, no aquélla de sensiblería y de belleza inferior que algunos tienen por tal, sino una literatura con sentido humano, profundo... que lo cotidiano se levante hasta un plano de belleza*[4].

"Lo cotidiano", esas "cosas de mujeres", bien sabe Gabriela Mistral que se descalifican como también se descalifica la experiencia femenina; más adelante, refiriéndose a sus "Canciones de cuna" dirá: "La mujer es quien más canta en este mundo, pero ella aparece tan poco creadora en la Historia de la Música que casi la recorre de labios sellados"[5].

En este cita, como en las anteriores, Mistral muestra una conciencia cabal de la marginalidad de la mujer escritora; pero sobre todo verbaliza el silencio que le impone la Historia.

Gabriela Mistral abre así múltiples posibilidades para la mujer e inicia el contracanto, la contra-tradición: canto subversivo que corrige y transforma los mitos que la cultura dominante ha creado sobre la experiencia femenina y sobre su discurso literario.

Las poetas de hoy son dignas sucesoras de la tradición mistraliana. A partir de 1960 la liberación del discurso femenino es más evidente aún. Si antes de esa fecha encontramos un canto doloroso y sumiso, de dependencia de los códigos masculinos, de esta fecha en adelante, el discurso poético de las contemporáneas deja de lado la dependencia, la sumisión y el dolor que le ocasionan ambas situaciones. Es el canto resultante de los cambios sociales, políticos y culturales en que esas mujeres afirman su yo histórico.

Por eso es el momento propicio en que irrumpe en Chile la voz de otra poeta que viene a robustecer y reforzar la tradición del contracanto, Violeta Parra; basta citar sus versos:

> *"Yo canto la diferencia/ que hay de lo cierto a lo*
> *falso/ De lo contrario no canto"*[6].

Violeta Parra trajo el cantar campesino, "una poesía popular espontánea, con todas sus imperfecciones..."[7], poesía combativa que ella hizo irresistible. Con su espontaneidad y su autenticidad, Violeta Parra presentó una autobiografía poética llamada por ella "canto a porfía". Se vincula así Violeta Parra con la tradición iniciada por la "cuenta-mundo", Gabriela Mistral. Por ende, ambas funden el discurso femenino que cuenta la historia desde la perspectiva de la mujer. Es decir, el discurso iniciado en los *Recados* de Gabriela, cuya continuación es obvia en las *Décimas* de Violeta Parra, concretiza el discurso femenino de la mujer contemporánea arraigada a su yo histórico.

Con tales raíces, no hay por qué sorprenderse que el *Contracanto* de Delia Domínguez, florezca en 1968. Comienza el poemario con el poema "Canto y Contracanto":

> *Te canto como si fuera a morir*
> *Esto quiere decir: me mato cantándote*
> *y da pie para soltarle las polleras*
> *a la metáfora, e hilar cosas preciosas*
> *para la boca de una señorita*
>
> *Pero mejor*
> *te contracanto*
> *bajo las linternas enmohecidas*
> *justamente a la entrada del invierno*
> *donde mi guitarra quedó descabezada*
> *en la bohardilla*
> *de mi casa de campo*[8].

Domínguez da pie para que se libere el lenguaje de la mujer y no hay quién detenga este canto airado en que se desafían los valores de una burguesía anquilosada, estéril, alienante, que deforma la realidad chilena. Por eso Delia Domínguez se apoya en la tradición folklórica y escribe "Nostalgias por Violeta Parra", poema en que busca la autenticidad perdida:

> *Pero no te lloro, Violeta Parra*
> *me afirmo en la riqueza de tu historia*
> *que el más pintado rey envidiaría*
> *y si quiero rendirte amor*
> *canto*[9].

Canta apoyada en su historia para desenmascarar a la mujer burguesa a quien denuncia como cómplice de todo un orden social injusto y deshumanizante:

> *Sí, madame,*
> *se acabaron las omnipotencias*

de los que vivían
con la nariz empolvada como alfajores
metidos en invernaderos exclusivos
–donde no cabían las plantas–
sino el peso de la Bolsa Negra
o de la Bolsa Blanca,
y el sol ajeno y prestado
buscando a la fuerza
en todos los veranos del mundo.

Sí, madame,
ahora, 2ª mitad del siglo XX
nadie para las corrientes de aire
y todas las corrientes
que nos vendrán encima,
y salir adelante, le aseguro
será más difícil que ponerse peluca
o un trapito amoroso
para largarse de cabeza a la piscina
a olvidar los malos pensamientos...[10].

La mujer-poeta se atreve ahora no sólo a denunciar aquello que es injusto y obsoleto, sino que osa desafiar lo que antes le estaba prohibido: gozar su sexualidad y hacerse historia.

Al crear y reafirmarse en su propio discurso el yo poético femenino abandona el disfraz, la máscara, para expresarse con osadía y remover los tabúes que le impiden a la mujer "fijarse en esas cosas terrenas":

Y si caminas –miel sobre hojuelas–
confieso que me vuelvo a mirarte
porque con ese modo
eres capaz de emborrachar
hasta los sentidos de una monja.

Sí, señora. Me fijo en esas cosas terrenas y
cotidianas, como para Ud. es el comer y el dormir[11].

Sin embargo, ese yo poético no está confinado a sólo

su historia particular hogareña. La amenaza imperialista norteamericana le hace resurgir con ira al espacio socio-políti-
co:

> *Y aquí era el verano*
> *sobre la orilla del Pacífico, Sudamérica:*
> *costa chilena, comienzos de 1968, y*
> *nosotros, enredados en nuestro diálogo*
> *de combate*
> *Después*
> *ni siquiera hablábamos en voz baja*
> *porque era injusto*
> *sentarnos en la paz del amanecer*
> *a mirar los rebaños tranquilos*
> *como si el mundo entero siguiera convertido*
> *en una estampa bucólica*
> *colgada a la estampa de una piadosa señorita*
> *cuando a la gente de Vietnam le ciegan el sol*
> *a balazos[12].*

Domínguez se ubica así en el centro de una poesía cuyo
lenguaje no traiciona a las mujeres, por el contrario, las interpreta a plenitud. Este *Contracanto* no le "suelta las polleras" solamente a sus propias metáforas, sino que le abre
un camino y le permite soltura de cuerpo a sus sucesoras
haciéndose escritura femenina.

La brecha está abierta y es así como años más tarde Lucía
Pena exigirá "la verdad de la no verdad de nuestra historia", en su poemario *¿Dónde están las raíces de los árboles?*[13];
Cecilia Vicuña, años antes, en *Luxumei o el traspié de la
doctrina*[14], definirá a la mujer como "un ángel con la pel-
vis en llamas", exigiendo el placer sexual en toda su expresión sin tapujos de ninguna clase. Con desparpajo celebra-
torio nos dice su "Retrato físico":

> *Tengo el cráneo en forma de avellana*
> *y unas nalgas festivas a la orilla*
> *de unos muslos cosquillosos de melón.*
> *Tengo rodillas de heliotropo*

> *y tobillos de piedra pómez*
> *cuello de abedul africano*
> *porque aparte de los dientes*
> *no tengo nada blanco*
> *ni la esclerótida de color indefinible...*

Por otro lado, en plena dictadura el discurso de denuncia se hace presente; así, Leonora Vicuña delatará la complicidad "del silencio total que nos inunda" en "la hora del lobo" del Chile de hoy[15]. Paz Molina escribirá sus *Memorias de un pájaro asustado*, arremetiendo contra el orden establecido. Su poemario comienza en una "Invocación":

> *Académico de la lengua, resbala en tu ataúd dominguero*
> *y descríbeme la perfección del tedio*
> *envuelto en tu manto refrigerado*
> *gris el rostro y negras las manos*
> *contra la tinta que no has sabido imprimir*
> *en tu vida[16].*

Así se exalta la necesidad de una escritura femenina vivificante versus un cierto discurso masculino petrificado, apartado de la experiencia diaria. Mientras que el hombre pretende reglamentar, calcular, la mujer propone el proceso continuo de la vida, creación y evolución desde una perspectiva y experiencia femenina:

> *Hay que volver a encandilarse,*
> *presumir hallazgo en la oquedad*
> *y anhelar el ascenso aún en el fondo del pozo*
> *Madre tejedora araña conciencia alumbra cosmos*
>
> *A vientre abierto*
> *el ángel se hará canto*
> *y la palabra recuperará su sentido[17].*

Sin tabúes, desnuda, "a vientre abierto", las mujeres van construyendo su escritura en sus vocablos, contracantos, en su propio lenguaje, recurriendo a la ironía que Gabriela Mistral adjudicaba como característica de la mujer cuando al referirse a Sor Juana comenta: "No hay que asombrarse demasiado de esta alianza de la ironía con el sayal: también la tuvo Santa Teresa; era su invisible escudo contra el mundo tan denso que se movía a su alrededor"[18]. ¿Acaso no es la ironía el arma más poderosa de todo discurso marginal aunque el sistema dominante no lo reconozca, procurando silenciar la proyección irónica?

Irónica es por cierto, una de las más jóvenes representantes del contracanto, Teresa Calderón, quien usa la ironía con eficacia para enfrentarse al poder masculino tanto en el espacio del hogar como en el estatal, al colocar su "contracanto" en el "ring" del boxeo:

En este rincón, mano de piedra,
peso completo,
o sea tú, queridito,
poseedor de la verdad,
dispuesto a ceñirte la corona
para siempre.

En este otro rincón,
la dolorida,
amiga predilecta del silencio,
señora de las causas perdidas,
empecinada en dar la lucha hasta la muerte,
amorcito.

Se inicia el combate[19].

En realidad no puede olvidarse que "el combate" fue iniciado hace ya tiempo como hemos visto al trazar la tradición del contracanto desde Gabriela Mistral. Esta poesía jóven, vital, osada, confirma el contracanto abiertamente, y nos adentra en un canto femenino, escritura femenina.

El canto que se define como contracanto es el canto al revés. Al revés de aquél que se sometía al del hombre, al revés del que las poetisas del dolor entregaron como respuesta al poder. Las poetas de hoy, por el contrario, van contra la corriente cantando a contracanto, con pasión, con ira, con rebeldía, con ironía y en plena posesión del lenguaje, no dispuestas a silenciar su canto. Sin eufemismos cuentan su historia y cantan. El canto de ellas es un canto que se apoya en la poesía popular, en su experiencia diaria y cotidiana, en la tradición escrita y oral, y que ofrece su picardía, su osadía, su crítica contra un orden social alienante, destructivo y marginador, sin llegar a los extremos de la poesía canonizada (como la antipoesía por ejemplo, que además niega el contracanto femenino), con la sutileza de la pasión femenina. Es así que para existir, la mujer poeta, a partir de los años 60, subvierte el poder de la palabra; ella, en conjunción con la naturaleza, es creación, es afirmación de la vida y no negación de ella. Digamos que la mujer ha encontrado su propia dimensión y su propia tradición y que se apoya en ella para establecer el diálogo humano con su canto, como lo ejemplifica un poema de Delia Domínguez de su poemario *Pido que vuelva mi ángel* de 1982; es el poema "Leche de mujer" en el que la poeta invierte el signo una vez más y hace de la mujer el principio de toda existencia; la transforma en Verbo, en "palabra-madre"[20] por excelencia, creación:

> *El hijo de Dios*
> *bajó a la tierra para hacerse hombre*
> *y tuvo que buscar*
> *el pecho de una mujer:*
> *hiel y clavos por dentro y*
> *sólo la esperanza*
> *sujeta a la sal seca de unos ojos*
> *que jamás esquivaron la luz.*
>
> *Ella*
> *intemporal,*
> *arrimó al recién nacido a sus pezones*
> *y comenzó la vida de aquí abajo:*
> *Ora pro nobis...*[21].

Notas

1   Delia Domínguez, *Contracanto* (Editorial Nascimento, Santiago de Chile, 1968).

2   Adriana Borghero: Introducción a *Contracanto*, p. 7.

3   Ver: Harold Bloom, *The Anxiety of Influence: A Theory of Poetry* (New York: Oxford University Press, 1973).

4   Gabriela Mistral, *Lecturas para mujeres* (Editorial Porrúa: México, 1980), p. XIV.

5   Gabriela Mistral, "Colofón con cara de excusa", en *Ternura* (Editorial Porrúa: México, 1981), p. 59.

6   Violeta Parra en *Gracias a la vida: Violeta Parra, Testimonio*, B.Subercaseaux, P. Stambuk y J. Londoño, eds. (Editora Granizo/CENECA: Santiago de Chile, 1982), p. 59.

7   B.Subercaseax, et. al. *Gracias a la vida*, p. 55.

8   Domínguez, *Contracanto*, p. 19.

9   Domínguez, *Contracanto*, p. 45.

10 *Contracanto*, p. 82.

11 *Contracanto*, p. 39.

12 *Contracanto*, p. 80.

13 Lucía Pena, *¿Dónde están las raíces de los árboles?* (Editorial Nascimento: Santiago de Chile, 1979).

14 Cecilia Vicuña, *Luxumei o el traspie de la doctrina*, (Editorial Oasis: México, 1983).

15 Leonora Vicuña, "Es la hora del lobo", Revista de poesía *La gota pura* (Año II, Núm. 10, abril 1984, Santiago de Chile).

16 Paz Molina, *Memorias de un pájaro asustado* (Editorial Universitaria: Santiago de Chile, 1982), p. 9.

17 Paz Molina, *Memorias de un pájaro asustado*, p. 27.

18 Gabriela Mistral, *Lecturas para mujeres*, p. 67.

19 Teresa Calderón, *Causas Perdidas* (Ediciones Artesanales: Santiago de Chile, 1984), p. 64.

20 Rosario Ferré, "La cocina de la escritura" en *La sartén por el mango: encuentro de escritoras latinoamericanas*, Patricia González y Eliana Ortega, eds. (Ediciones Huracán: Puerto Rico, 1984), p. 137.

21 Delia Domínguez, *Pido que vuelva mi ángel*, (Editorial Universitaria: Santiago de Chile, 1982), p. 11.

ESCRITORAS LATINOAMERICANAS: HISTORIA DE UNA HERENCIA OBSTINADA[1] (1988)*

¿Cómo empezar? "No es una historia larga, la historia de la literatura femenina. Pero es una historia espesa. Apretada. Una historia que ha venido resonando casi a un mismo unísono a través de los tiempos, con ecos sordos y profundos"[2], nos dice Alba Lucía Angel, en su intento por recontarnos la historia literaria de las mujeres en América Latina.

La verdad es que hemos avanzado en la historia literaria, con letras mayúsculas, y las letras no me resultan, ni parcas ni escasas, ni sordas ni silenciosas, al recorrer en ambiciosa aventura, palabra a palabra, el camino literario de las mujeres latinoamericanas. Todo recorrido de esta historia, ni tan corta, resulta en un andar a saltos y tomar a trechos, porque nuestra historia la conocemos así: de trecho en trecho y hay muchos baches aún por rellenar. "Camino a través de los fragmentos"[3].

En este trabajo arqueológico en que quedan muchas capas por excavar, decido comenzar en el siglo diecisiete, simplemente porque Sor Juana Inés de la Cruz se me impone como un principio. Ella se sabe la legítima "Scherezada criolla"[4], pero sabe también que con su presencia acalla a las Anacaonas de los areytos femeninos del Caribe español[5]. Comencemos mejor, por tan siquiera asomarnos al areyto puertorriqueño. Comencemos por el centro, por el origen:

> *"Y dicen que cuando Guabancex se encoleriza hace mover el viento y el agua y echa por tierra las casas y arranca los árboles. Este cemí dicen que es su mujer y está hecho de piedra de aquel país... Guabancex,*

*Este artículo apareció en: *Nuestra memoria, nuestro futuro (Mujeres e historia: América Latina y El Caribe)*. Ediciones de la mujer 10, Isis Internacional/Grupo Condición femenina CLACSO, Stgo.-Chile, Dic., 1988.

> *deidad de las fuertes lluvias... Mujeres en una isla que*
> *gestaron la historia criolla en su tiempo vivido y can-*
> *tado*[6].

Pero, antes de entrar de lleno en el paisaje "central" de la literatura de las mujeres latinoamericanas, hagamos un alto en el camino, y detengámonos en un recodo de mucho acantilado, donde el camino se abre lento pero seguro: la función de la crítica literaria feminista en Latinoamérica. Considero que la función de la crítica es una misión, en la acepción que le da Pisano a la palabra misión: "el aporte de cada ser humano *en su diferencia,* da a los demás desde su propia especificidad, no como yo centro sino como conjunto"[7]. La misión de la crítica feminista entonces, no es inventar obras, sino que su primer paso debe ser ponerlas en relación, descubrir su posición dentro del conjunto. Al ponerlas en relación, sí se inventa, se inventa un orden en la función creadora de la crítica. ¿Por qué no construir/nos desde un orden propio, si nuestra relación con el canon establecido nos resulta incómoda? Lo que hacemos entonces es forzar a través de nuestro discurso crítico, otra lectura, otra mirada; adoptamos nuevas estrategias de interpretación, que son, como todo discurso, informadas y determinadas históricamente, por lo tanto necesariamente determinadas por las relaciones de clase y género-sexo. Vamos formando de esta manera una tradición teórico-genérica.

La necesidad de establecer nuestra propia tradición, nace del inmenso deseo de mirarnos en un espejo propio, que no nos distorsione, que no nos refleje el "deber ser" sino más bien el "querer ser". Porque sabemos que "cuando una mujer latinoamericana toma entre sus manos la literatura lo hace con el mismo gesto y con la misma intención con la que toma un espejo: para contemplar su imagen"[8]. Su propia imagen. Es, por ejemplo, Rosario Ferré quien le agradece a "la palabra-madre", porque "es ella quien (le) ha hecho posible una identidad propia, que no le debe a nadie sino a su propio esfuerzo"[9].

Esfuerzo significa la reconstrucción de nuestra historia, que es en sí todo un proceso: supone una toma de conciencia, que a su vez implica un rechazo a las pre-concepciones de la cultura dominante sobre nosotras y nuestra palabra. Implica también un compromiso político, un deseo de cambio instransferible que nos lleva a transformar nuestras mentes; que nos permite entender los mecanismos de poder que sostienen el privilegio del "otro". "La palabra, como la natualeza misma, es infinitamente sabia, y conoce cuando debe asolar lo caduco y lo corrompido para edificar la vida sobre cimientos nuevos"[10]. En ese edificar nos encontramos en medio del camino.

La construcción se lleva a cabo paso a paso. Primero reconocemos que las mujeres tenemos una literatura propia; luego asumimos una visión colectiva y empezamos a preguntarnos por nuestra historia literaria y a interrogarnos desde ella. El cuarto paso nos encuentra involucradas en una re-ordenación que cuestiona un esquema cronológico de la historia literaria al introducir la categoría género-sexo en su análisis. El paso más avanzado lo damos al redefinir las categorías y valores androcéntricos de la historia literaria universal. Para nosotras las latinoamericanas este proceso implica un movimiento doble: uno de descolonización (propio de todos los escritores de Nuestra América) y otro, que nos desligue del patriarca.

Desde la colonia, Sor Juana nos muestra el camino de la doble ruptura: "La forma en que explica su situación en 'Carta respuesta a Sor Filotea de la Cruz' de 1690 revela un conflicto entre lo que ella estima su naturaleza esencial, su intelectualidad, don divino, y las cortapisas y requerimientos sociales tanto de su condición de mujer como de la ideología oficial"[11]. Es tal vez una indulgencia de "sentido común" que se vea a la mujer, en este momento de desafío y de ruptura, como mujer que quiere instalarse fuera y más allá de la inscripción patriarcal. Sugiere que el hábito de escribir en oposición está internamente grabado y profundamente internalizado en las mujeres. Sor Juana tiene ese hábito de escribir en oposición: me opongo al sistema colonial (la peor manisfestación del patriarcado), me opongo a la opresión de la mujer y me opongo a ser silenciada. Desde ella en adelante, las mujeres latinoamericanas hemos buscado formas de expresión que no nos traicionen y que nos permitan infiltrarnos para que se oigan nuestras verdaderas voces. Sor Juana nos legó lo que Josefina Ludmer descubrió en su discurso y que llamó "La treta del débil": "La treta (otra típica táctica del débil) consiste en que desde el lugar asignado y aceptado, se cambia no sólo el sentido de ese lugar sino el sentido mismo de lo que se instaura en él"[12].

La treta viene a ser una de las formas de estrategia que le posibilita a la mujer, como sujeto en posición de subalternidad, desde lugares/espacios avalados por la cultura dominante, invertir su sentido y crearse así un espacio desde el cual tome la palabra, articule sus discursos y aúne voces.

Los salones de fines del siglo 18 y los del 19, las tertulias literarias de grandes damas de nuestra literatura, constituyeron espacios desde los cuales las mujeres hacían sus prácticas de traslado y transformación. Invirtieron el sentido de dicho espacio: el salón pasa de acontecimiento social a ser un lugar político-cultural; ellas, de su función de anfitriona-dama se transforman en mujeres intelectuales y militantes. Las veladas literarias más celebradas en Lima, por ejemplo, fueron las de Juana Manuela Gorritti, escritora argentina radicada en el Perú. En la reunión del día 28 de febrero de 1877, en su salón, fue "coronada" Clorinda Matto de Turner, reconociendo a una de las figuras literarias más destacadas del siglo 19. Dos son las causas que defiende Matto de Turner en su obra: la creación de una literatura anclada en su identidad peruana y con ella la defensa del pueblo indígena; su otra preocupación, la defensa de los derechos de la mujer. En 1895 en una conferencia, en Buenos Aires, explicita su pensamiento al respecto en su conferencia, "Las obreras del pensamiento en América del Sur":

> *"Los obscurantistas, los protervos y los egoístas inte-resados en conservar a la mujer como instrumento del placer y la obediencia pasiva, acumulan el contingen-te opositor, la cámara oscura para lo que ya brilla con luz propia, sin fijarse en que, de la desigualdad ab-soluta entre el hombre y la mujer, nace el divorcio del alma y del cuerpo"*[13].

Dentro de los salones "señoriales" se nutría entonces un incipiente movimiento feminista y un elocuente discurso literario. Mariquita Sánchez (1786-1868), otra dama argentina, vinculada a importantes hombres de la política y las letras, desde su salón y desde su *Epistolario* nos revela otro uso de la treta para romper el aislamiento y el silencio de la mujer escritora: La carta como forma de expresión literaria femenina. Camila Henríquez Ureña, hija de Salomé Ureña (la primera poeta dominicana), nos explica en su trabajo *Feminismo* de 1939, el significado del género epistolar: "Una carta es un monólogo que aspira a ser diálogo... Antes de nuestro siglo, en épocas en las cuales se consideraba inde-coroso para una mujer dedicarse al cultivo el arte, la carta disimulaba bajo la apariencia de simple comunicación in-terpersonal la producción literaria... Intimidad, secreto, sub-jetividad, soledad, apartamiento, son los factores que han inducido a la mujer a expresarse en forma epistolar"[14].

El género epistolar es una estrategia, una forma de es-tablecer un discurso de igual a igual con quien ostenta el poder. Como se verá, es un género que aparece en todas las generaciones de escritoras desde Sor Juana hasta el pre-sente. Nos lo recuerda Silvia Molloy en un artículo sobre Delmira Agustini: "hay una carta de Agustini a Darío, elo-cuente en su lucidez, donde se describe a la vez que pide consejo"[15]. Cita de la carta:

"Yo no sé si usted ha mirado alguna vez la locura cara a cara y ha luchado con ella en la soledad angustiosa de un espíritu hermético. No hay, no puede haber sensación más horrible. Y el ansia, el ansia inmensa de pedir socorro contra todo –contra el mismo yo, sobre todo– a otro espíritu mártir del mismo martirio"[16].

Molloy lee el espistolario de Agustini en que se firmaba "La Nena" como una máscara más, adoptada ante el poder, para ser escuchada. "Las cartas que van para muy lejos", nos dice Gabriela Mistral, "suelen aventar lo demasiado temporal... Yo las dejo en los suburbios del libro... como corresponde a su clase un poco plebeya y tercerona. Las incorporo por una razón atrabilaria, es decir, por una loca razón, como son las razones de las mujeres: al cabo estos *Recados* llevan el tono más mío, el más frecuente, mi dejo rural en el que he vivido y en el que me voy a morir"[17]. Sus *Recados* son pues, cartas, pero ya sin disfraces, llevan su dejo natural.

También las cartas de Gertrudis de Avellaneda, rompen todo esquema tradicional con su naturalidad, su fuerza y libertad. Desde la Cuba del siglo 19 esta mujer apasionada y vehemente escribe cartas a su amante: "Debes gozarte y estar orgulloso, porque este poder absoluto que ejerces en mi voluntad debe envanecerte. ¿Quién eres? ¿Qué poder es ése? ¿Quién te lo ha dado?"[18]. Su ser rebelde se expresa no sólo en sus cartas, sino también en su poesía y en su prosa. Su novela *Sab* (1841) narra el tema de la esclavitud desde una relación amorosa rupturista en sí: un mulato esclavo, Sab, se enamora de la hija del amo. Pero es tal vez en su "Romance: Contestando a otro de una señorita", donde G. de Avellaneda se quita la máscara, el disfraz, con mayor naturalidad:

No soy maga ni sirena,
ni querub ni pitonisa,
como en tus versos galanos,
me llamas hoy bella niña[19].

Prescinde del adorno de gran señora y ya fuera del salón decimonónico nos da el pase al siglo veinte, donde otras serán las formas de inscripción de los discursos de escritoras latinoamericanas, aunque aún funcionan las tretas, las máscaras y las prácticas de traslado y transformación. Los rasgos preponderantes y constantes en el discurso de las escritoras a partir del siglo veinte, serán la resistencia y la transgresión.

Partamos por el Sur. Victoria Ocampo nos dice Beatriz Sarlo, "poseída por su clase, por la naturaleza y el deseo, a los treinta años comienza a cambiar los términos de esa posesión. Es... una historia costosa, donde la abundancia material y los tics del snobismo no deberían ocultar los esfuerzos de la ruptura. Esa historia culmina con éxito... cuando Victoria Ocampo, en 1931, se convierte en una suerte de capataza cultural ríoplatense. Es el mismo momento en que comenzará a regir sobre su cuerpo con la libertad de los hombres"[20]. La fortuna personal hizo posible *Sur* (1931), revista que dirige y con la cual culmina una serie de rupturas personales y profesionales. "Su *Autobiografía* podría leerse en paralelo con lo que sabemos de Norah Lange y de Alfonsina Storni"[21], agrega Sarlo; son tres historias de autodefinición y del cómo instalarse en el panorama literario, "malgré tout". Storni aporta, además de su poesía de "exaltadas", una nueva imagen de la escritora: "la que escribe y confiesa su escritura como trangresión"[22].

Son años de acercamientos, de reconocimientos, de necesidad de explicar/nos, como latinoamericanas ante el mundo que se nos abre un poco. Será Gabriela Mistral quien afirme nuestra identidad, tanto de mestizas como de mujeres, con más convicción y con total conciencia histórica:

"Una vez más y yo cargo aquí, a sabiendas, con las taras del mestizaje verbal... Pertenezco al grupo de los malaventurados que nacieron sin edad patriarcal y sin Edad Media; soy de los que llevan entrañas, rostro y expresión conturbados e irregulares, a causa del

injerto; me cuento entre los hijos de esa cosa torcida
que se llama una experiencia racial, mejor dicho, una
violencia racial"[23].

La osadía, la transgresión, la ruptura, el cuestionamiento, la auto-definición, son todas posturas que enfrentan a la cultura patriarcal. Entonces, la pregunta que surge es ¿cómo y por qué se consagra a algunas? Gabriela Mistral fue celebrada mundialmente hasta ser galardonada con el Nobel en 1945. Fuera de la respuesta obvia, la excelencia de su obra, conviene detenerse un poco en algunas reflexiones sobre cómo opera la relación poder-escritora-autoridad-autoría. Podría explicarse el éxito de Mistral porque ella utilizó la treta magistralmente, como por ejemplo: "estucando una sexualidad poco convencional con la figura pública de la maestra y madre adoptiva"[24]. Sigamos rebuscando. Partamos de la base que el canon literario oficial es una construcción social y es una manera que tiene la Cultura, de valorar el poder social. Entonces aquellas mujeres que no cuestionan ese poder social, o aquéllas que reproducen la imagen de la mujer formulada por la cultura dominante, logran cierto reconocimiento y cierto lugar dentro del canon oficial. Algo de esto le sucedió a Mistral. Sólo hay que leer el discurso de entrega del Nobel de Hjalmar Gullberg, miembro de la Academia Sueca para darse cuenta del criterio que primó al otorgarle el premio. Dice: "Para rendir homenaje a la rica literatura iberoamericana es que hoy nos dirigimos muy especialmente a su *reina, la poetisa de Desolación*, que se ha convertido en la grande cantadora de la *misericordia y la maternidad*"[25] (el subrayado es mío). Se premia a la poeta porque la imagen de la mujer y del mundo que se configuran en su primera poesía, corresponden a una visión coincidente con la ideología de la cultura dominante, tanto nacional como extranjera. Es más, el sistema ocultará aquellos discursos que pudieran poner en tela de juicio el poder establecido. No sorprende entonces que la prosa más política, americanista, antiimperialista, el indigenismo de G.Mistral y su rebeldía de mujer permanezcan silenciadas. ¿Quién conoce, por ejemplo, sus "Locas mujeres" de *Lagar*? Son mujeres mistralianas en decidida oposición a la madre-maestra institucionalizada. Son "las que caminan" ataviadas con su propia palabra:

> *Igual palabra, igual, es la que dice*
> *y es todo lo que tuvo y lo que lleva*
> *y por su sola sílaba de fuego*
> *ella puede vivir hasta que quiera.*
> *Otras palabras aprender no quiso*
> *y la que lleva es su propio sustento*
> *a más sola que va más la repite,*
> *pero no se la entienden sus caminos*[26].

Tampoco entendieron, los que vieron caminar a Julia de Burgos (1917-1953), poeta puertorriqueña, quien con "la tea en la mano" se sentía portadora mesiánica de un pueblo rebelde.

Son voluntad de afirmación sus versos:

> *que todo me lo juego a ser lo que soy yo,*
> *... yo soy la vida, la fuerza, la mujer.*

Es libre por la propia entrega:

> *yo de nadie, o de todos, porque a todos, a todos,*
> *en mi limpio sentir y en mi pensar me doy.*

Es elemental, sencilla, anhelante:

> *a mí me riza el viento; a mí me pinta el sol.*

Tiene dominio pleno del propio sentir y de la propia razón:

> *...que en mí manda mi solo corazón,*
> *mi solo pensamiento; quien manda en mí soy yo"* [27].

Por el camino de la prosa, de este período inicial de

consagración, y en total consonancia con lo anotado respecto a las poetas, nos encontramos con dos grandes innovadoras del narrar desde esa "mirada bizca"[28], esa "mirada política"[29], quienes también usan las tretas: Clarice Lispector y María Luisa Bombal. En su libro de ensayos *Mujer que sabe latín...*, Rosario Castellanos nos da el perfil de ambas escritoras. Su ensayo sobre la escritora brasilera se titula "Clarice Lispector: la memoria ancestral" y se centra sobre una novela de Lispector, *La Pasión según G. H.*; de ese texto cita: "Tendré que crear sobre la vida. Y sin mentir. Crear sí, mentir no. Crear no es imaginación, es correr el gran riesgo de tener la realidad. Entender es una creación, mi único modo"[30]. Ese modo es el que R. Castellanos reconoce en Lispector como el "punto de apoyo al que podamos asirnos cuando se desencaden(e) la fuerza de la verdad... no desde un ayer que puede olvidarse y desdeñarse sino desde un principio que se tiene que recordar"[31]. Y nos recuerda a M. Luisa Bombal como a una de aquellas "novelistas latinoamericanas (que) parecen haber descubierto mucho antes que Robbe-Grillet y los teóricos del "nouveau roman" que el universo es superficie. Y si es superficie pulámosla para que no oponga ninguna aspereza al tacto, ningún sobresalto a la mirada. Para que brille, para que resplandezca, para que nos haga olvidar ese deseo, esa necesidad, esa manía de buscar lo que está más allá, del otro lado del velo, detrás del telón"[32]. Detrás del telón, y desde ese "otro modo de ser humano y libre"[33], las escritoras a partir de la década del cincuenta persisten en la búsqueda. Sin embargo, si nos guiamos por las antologías mayores, por las reseñas y las revistas hegemónicas, parece que entráramos en un páramo en este recorrido del paisaje de la escritura de las mujeres.

El "boom de la novela latinoamericana" de los años 60-70 no parece ser otra cosa que la afirmación al mundo que en América Latina hay escritores hombres que salen de sus "cien años de soledad" a recorrer el mundo. El capitalismo en su constante búsqueda de nuevas áreas que colonizar, nuevos mercados que explotar, junto a los centros de poder literario, la academia y la crítica del progreso en los países progresistas o desarrollados, no tarda en apropiarse de la rica producción del escritor latinoamericano. Las escritoras quedan fuera de ese "desorden" patriarcal y tendrán que esperar hasta la década de los ochenta para ser reconocidas. En la década de los ochenta, a pesar de ser éste un momento de afianzamiento de regímenes conservadores autoritarios, el feminismo logra infiltrarse por los resquicios y fracturas del sistema dominante. En este contexto, la obra literaria de la mujer, se vuelve apetecible al mercado del libro que ve un público receptivo al mensaje de las mujeres (sobretodo en U.S.A. y Europa). A la vez, la crítica institucional de una academia anquilosada y misógina, motivada por la frescura de la crítica feminista, empieza a ver en el discurso femenino una alternativa liberal progresista, luego de la ineficacia de sus discursos liberales de los años 60. ¿Una nueva onda del consumismo de la crítica eurocéntrica?

Entonces, una vez más nos urge preguntarnos por qué se destacan algunas escritoras y se silencian otras. El caso más evidente de este último tiempo es el de Isabel Allende. ¿Por qué se la consagra a ella con tanto afán? Gabriela Mora, comienza a contestar la pregunta que muchos se hacen. Dice: "La lectura de los libros de Allende nos resultó problemática. Si por un lado nos regocija que una mujer se ponga a la par del éxito que, por lo general, sólo conseguían los varones, por otro pensamos que la posición ética del feminismo nos obliga a enfrentar sin caretas defensivas lo que vemos objetable desde esa perspectiva... la autora cayó en premisas ideológicas sustentadoras de injusticias, y en caractrizaciones sobretodo de la mujer —que persisten en peligrosos moldes"[34]. Los estereotipados clichés que son parte de la ideología dominante están muy presentes en la obra de Allende. Recordemos que la cultura dominante acepta la diferencia siempre y cuando ésta no subvierta el orden.

Aquellas escritoras que abiertamente son parte integral de "la cultura de la resistencia" no son las que se consagran. La transgresión debe continuar. Hoy en día tanto las creadoras como las críticas escribimos de mujer a mujer: cruzando barreras, rompiendo fronteras, entrando en *Los laberintos insolados*[35] de Marta Traba, definiendo el lugar del diálogo en el limitado pero riquísimo espacio de la escritura. Entramos también al espacio del laberinto de mujer que Julieta Campos nos construyó en su novela, *Tiene los cabellos rojizos y se llama Sabina*:

> *"La novela que ella, yo, tú escribirías empieza por fin a desplazar a la otra, la que estaría escribiendo él (el narrador), en tanto que la ambigüedad de mi existencia como personaje oscilante entre una y otra ficción está, lo percibo claramente, a punto de desaparecer, en la medida que yo misma decida ser la mujer que contempla obsesivamente el promontorio"*[36].

Elena Poniatowska, en su obra portadora de tantos de nuestros testimonios, con certeza afirma: "Ahora despunta, en ese gran silencio, en ese fuerte silencio latinoamericano ya no una literatura de confesión, intimista, de 'amor es una lágrima' sino una literatura de existencia y de denuncia"[37]. Y en este ir y venir del existir común, echamos de menos a Marta Traba que nos dejó su denuncia, su bella *Conversación al Sur*[38]. La novela es crónica de tres ciudades: Buenos Aires, Montevideo y Santiago. Tres historias hilvanadas en el diálogo de dos mujeres, una de 40 años, la otra de 28. La conversación define una determinación: la lucha y la resistencia desembocan en un dolor: la muerte, el terror, el silencio de los desaparecidos, la impotencia. Pero también, la conversación hilvanada entre las dos nos deja el testimonio de la mujer latinoamericana agente de la liberación de su pueblo y de la suya. La *Conversación* es en sí una crónica en nuestra mejor tradición de contar nuestra historia desde nuestra verdad. También lo es la "cronovela" de María Luisa Mendoza, *Con él, conmigo, con nosotros tres*[39], que lleva un epígrafe de la tradición popular, "La crónica quema al santo: la novela no lo alumbra".

Pero el santo de Atocha, sí alumbra la portada de otra crónica más, *Hasta no verte Jesús mío*[40], vida de Jesusa Palancares, crónica testimonial de una mujer trabajadora, soldadera en la Revolución Mejicana. Y no falta la crónica de afirmación americana, como lo es la novela *Los pañamanes* de Fanny Buitrago, quien convierte y disipa la soledad:

> *"Cuando se lucha con la soledad, es necesario tener a la naturaleza por aliada. Y estar hombro con hombro con la gente. Saberlo todo los unos de los otros. Unirse al dolor, comprender el odio, desterrar la angustia, participar en la alegría"*[41].

Vamos aproximándonos al presente más inmediato. Podemos afirmar que: *"Hay una hazaña que no puedes ni podrás con nada desmentir/ Hay una épica/ Surgida del destello y del linchaco"*, como nos reitera Diamela Eltit en su novela *Por la Patria*[42]. Epica, por cierto, que afirma la vida, que en tanto *"se hace expulsa el otro extremo interiorizado en él mismo... Nos hemos dado además de una tradición la libertad y la plenitud de expresión para no expresar únicamente el sexo sino la capacidad creadora que nos une"*[43]:

> *"tú vas a otra clase de tiempo y yo también"*[44]

> *"Hospedaje de ti y heredad también"*[45]

> *"Mi hálito en su cuenca sopla ese pozo negro*
> *Me abraza Me acaricia*
> *Hostigando los huecos intenta otra palabra"*[46]

"Otra palabra", "otro modo de ser" porque son :

> *"Nuestros el mar y el cielo*
> *Nuestras la magia y la quimera"*[47]

Y... "Viene riendo la gente
con su cargamento de mañanas
por construir
y yo canto poseída por las guitarras
de la historia"[48].

"La mujer de América Latina que anda en la aventura de la palabra... escribe sin prisas pero sin tregua. Y escribe con garra, con lucidez, con el eterno acento del poeta y la verdad en ristre... Su verdad es de aceros y vacíos. De sangre y de placenta. De oscuridad y de luz. De ser mujer"[49].

Notas

1   Julieta Campos, *La herencia obstinada: análisis de cuentos nahuas* (México: Fondo de Cultura Económica, 1962).

2   Alba Lucía Angel, "Notas sobre un libro hablado por escritoras de América Latina", en *Discurso Literario: revista de temas hispánicos.* Vol.4, N° 2 (Primavera 1987), p. 583.

3   Diana Bellesi, *Danzante de doble máscara* (Buenos Aires: Ediciones Ultimo Reino, 1985), p. 25.

4   Helena Araujo, citada en "Notas sobre un libro hablado por escritoras de América Latina", p. 589.

5   Areyto: reunión tribal con canto - baile - poesía de la cultura indígena de Puerto Rico.

6   Etna Iris Ribera, "Elementos con voz femenina", en *Poemario de la mujer Puertorriqueña* (San Juan de Puerto Rico: Instituto de la Cultura Puertorriqueña, 1976), p. 7.

7   Margarita Pisano, "Feminismo: pasos críticos y deseos de cambio", Santiago, Chile, 1988. (Inédito)

8   Rosario Castellanos, "María Luisa Bombal y los arquetipos femeninos", en *Mujer que sabe latín...* (México: Sep. Diana, 1979), p. 144.

9   Rosario Ferré, "La cocina de la escritura", en *La sartén por el mango*, P. González y E. Ortega, eds. (San Juan de Puerto Rico: Ediciones Huracán, 1984), p. 137.

10 Rosario Ferré, p. 138.

11 Hernán Vidal, *Socio-Historia de la literatura colonial Hispanoamericana: tres lecturas orgánicas:* (Minnesota: Ideologies and Literature, 1985), p. 175.

12 Josefina Ludmer, "Las tretas del débil" en *La sartén por el mango*, p. 47.
13 Clorinda Matto de Turner, *Aves sin nido*, p. 41.
14 Camila Henríquez Ureña, *Feminismo y otros temas sobre la mujer en la sociedad* (Santo Domingo: Editora Taller, C. por A., 1935), p. 85.
15 Sylvia Molloy, "Dos lecturas del cisne: Rubén Darío y Delmira Agustini", en *La sartén por el mango*, p. 61.
16 Molloy, p. 61.
17 Gabriela Mistral, en *Desolación-Ternura-Tala-Lagar* (México: Editorial Porrúa, 1981), p. 178.
18 Gertrudis Gómez de Avellaneda, en *Literatura Hispanoamericana*. E. Anderson Imbert, ed. (New York: Holt, Reinhart and Winston, Inc.,1957), p. 259.
19 Avellaneda, p. 265.
20 Beatriz Sarlo, "Decir y no decir: erotismo y represión en tres escritoras argentinas" (trabajo presentado al Congreso de Literatura Femenina Latinoamericana, Santiago, Chile, agosto 1987).
21 Sarlo, p. 21.
22 Josefina Ludmer "El espejo universal y la perversión de la fórmula", (trabajo presentado al Congreso de Literatura Femenina Latinoamericana, Santiago, Chile, 1987).
23 Gabriela Mistral, "Colofón con cara de excusa", en *Desolación-Ternura-Tala-Lagar*, p. 108.
24 Molloy, p. 59.
25 Hjalmar Gullberg, "Discurso de la entrega del premio Nobel de Literatura", en: *Homenaje de Orfeo* N°s. 23, 24, 25 26 y 27, Santiago, Chile, p. 248
26 Gabriela Mistral, p.192.
27 Yvette Jiménez de Baez, *Julia de Burgos, vida y poesía* (San Juan de Puerto Rico: Editorial Coquí,1966), p. 84.
28 Ver: Gisela Ecker, *Feminist aesthetics*, (Beacon Press: Boston, 1986), p. 59.
29 Ver: Beatriz Sarlo, "La mirada política", *Punto de vista* (Buenos Aires, Argentina).
30 Rosario Castellanos, p. 127.
31 Castellanos, p. 129.
32 Castellanos, p. 144.
33 Rosario Castellanos, "Meditación en el umbral", en *Poesía no eres tú*, México, 1972, p. 326.
34 Gabriela Mora, "Las novelas de Isabel Allende y el papel de la mujer como ciudadana", en *Ideologies and Literature* (Spring,1987), p.p. 53-61.
35 Marta Traba, *Los laberintos insolados*, (Barcelona, Seix Barral, 1967).
36 Julieta Campos, *Tiene los cabellos rojizos y se llama Sabina* (México: Joaquín Mortíz, 1974).

37 Elena Poniatowska, "La literatura de las mujeres es parte de la literatura de los oprimidos", en *Fem: publicación feminista,* Vol. VI - N° 2 (Febrero-Marzo 1982), p. 27.

38 Marta Traba, *Conversación al Sur* (México: Siglo XXI, editores, 1981).

39 María Luisa Mendoza, *Con él, conmigo, con nosotros tres* (México, Joaquín Mortíz, 1971).

40 Elena Poniatowska, *Hasta no verte Jesús mío* (México: Biblioteca Era, 1981).

41 Fanny Buitrago, *Los pañamanes* (Barcelona: Plaza y Janés, 1979).

42 Diamela Eltit, *Por la Patria,* (Santiago, Chile: Ornitorrinco, 1986).

43 Nélida Piñón, "El mito de la creación", en *Fem,* p. 37.

44 Cecilia Vicuña, *Luxumei o el traspié de la doctrina* (México, Editorial Oasis, 1983).

45 Eugenia Brito, *Filiaciones* (Santiago, Chile: Talleres de Vansa, 1986).

46 Soledad Fariña, *Albricia* (Santiago, Chile, Ediciones Archivo,1988).

47 Nancy Moréjón, "Mujer negra", en *Poesía feminista del mundo Hispánico,* Angel Flores-Kate Flores, editores. (México: Siglo XXI, 1984).

48 Gioconda Belli, "Canto al nuevo tiempo", en: *Poesía feminista del mundo hispánico.*

49 Alba Lucía Angel, "Notas sobre un libro hablado por escritoras de América Latina", p. 393.

ESCRITURA DE MUJER DE LETRAS:
EN TORNO AL ENSAYO DE ROSARIO FERRE
(1986)

"El ensayo se teje en torno como crea su capullo el gusano de seda"[1].

La producción ensayística de las escritoras latinoamericanas parece ser el género menos conocido, menos divulgado y menos reconocido en los espacios académicos; mas no hay duda que éste género literario ha sido cultivado con gran pasión por nuestras escritoras, Camila Henríquez, Mercedes Cabello, Amanda Labarca, Gabriela Mistral, Victoria Ocampo, Rosario Castellanos, Elena Poniatowska, y Rosario Ferré.

Es Camila Henríquez Ureña quien hace un primer recuento de los inicios del ensayo latinoamericano. En un ensayo sobre el ensayo, Camila Henríquez delimita las relaciones de poder que existen en las instituciones que canonizan y ordenan las obras literarias. Ella nos dice, al referirse al género ensayo decimonónico: "Todos nuestros grandes directores del pensamiento –Montalvo, Hostos, Justo Sierra, González Prada, Verona, Martí, han cultivado el ensayo"[2]. Es evidente que estos "directores del pensamiento", los "hombres de letras" del siglo diecinueve, desde ese espacio literario no tuvieron sólo una función artística, sino una función preponderantemente política, dentro de las élites dirigentes. Los "hombres de letras" definían la cultura desde una perspectiva de clase dominante y regían los destinos de los pueblos americanos. El ensayo era entonces, para los escritores del diecinueve y para los que les sucedieron, el género en que el intelectual expresaba su condición inherente e irrenunciable a él: "ser conciencia crítica"[3]. Tal conciencia crítica debe entenderse como resultado de una formación burguesa, en la que una toma de posición del sujeto crítico en la escritura se basa en el individualismo, la individualidad y la propiedad.

Hasta hace unos años los ensayistas del siglo veinte re-
tuvieron el rol dirigente que se asignaron sus antepasados.
En este siglo, es la década de los sesenta el momento en
que el ensayo pierde su hegemonía, y serán la novela y el
discurso crítico cientificista-literario los que desplazarán al
discurso ensayístico y, de esta manera, lo reemplazarán. Para
entender, en parte, el desprestigio del ensayo en las últimas décadas, recurro a Theodor W. Adorno en sus concep-
ciones sobre el género ensayístico en Alemania, que muy
bien se pueden aplicar al destino del ensayo latinoamericano: "el ensayo está desprestigiado como producto ambiguo al que le falta convincente tradición formal"[4]; también
está desprestigiado porque "sus conceptos no se construyen
a partir de algo primero ni se redondean en algo último"
(p. 11).

Adorno elabora aún más el desprestigio del género ensayo, al establecer que "el ensayo decae en importancia al
imponerse el espíritu cientificista que se acerca al tercamente
dogmático" (p. 14). Podemos coincidir con Adorno, al constatar que en nuestras instituciones académicas a partir de
los sesenta, se practica, apoya y reproduce ese espíritu cien-
tifista. En esta línea de pensamiento, Adorno converge con
Rosario Ferré ya que ambos se refieren al valor y al lugar
secundario que se le asigna al escritor (no así al crítico),
en la sociedad burguesa. Dice Adorno: "La elogiosa califi-
cación de 'éxcrivain' sirve aún hoy para tener excluido del
mundo académico al destinatario del elogio" (p. 11). Dice
Ferré: "La enseñanza de la literatura en nuestra sociedad es
admisible sólo desde el punto de vista del crítico: ser un
especialista, un desmontador de la literatura, es un status
dignificante y remunerante"[5]. Si por un lado Adorno rescata el género ensayo y desmitifica el discurso crítico tecno-
lógico capitalista, por otro, Ferré rescatará en sus escritos
el género ensayo para la mujer escritora, ya que este género en sí, constituye una subversión y una trangresión "a la
obra capital".

En este corto recorrido, queda claro que las mujeres

entraron en la historia del género ensayo mucho después de que los "hombres de letras" se refugiaron en otros géneros más favorecidos por el mercado de las letras. A primera vista se podría inferir que las escritoras recurren al género ensayo una vez que éste queda al margen. Mas, no es así; cuando los hombres de letras controlaban el género, las mujeres de letras como Ocampo y Castellanos escribían prolíficamente, pero quedaban tras bambalinas; es entonces, un error afirmar que sólo en la década de los ochenta las mujeres escritoras se expresan en este género —su historia también es larga, pero desconocida. Por consiguiente debe investigarse cómo se inserta la mujer, en un espacio genérico articulado entre el desgaste del discurso ensayístico masculino y la aparición del femenino, formulado desde su propia experiencia, cotidianeidad e historicidad.

Para comenzar se debe entender la situación de las escritoras latinoamericanas como una de marginalidad. Dicha marginalidad es aquel territorio al borde del poder central, al borde de las instituciones que ostentan el poder. Al vivir esta experiencia de estar al borde (no del todo dentro), al ver desde fuera y desde adentro simultáneamente, como es el caso de cualquiera de nuestras escritoras, y en especial el de aquéllas provenientes de situaciones coloniales complejas, como es el caso de las escritoras puertorriqueñas, como es el caso de Rosario Ferré, ellas adquieren una "conciencia oposicional"[6] que se percibe en toda su obra. Desde esta marginalidad neo-colonial, las mujeres latinoamericanas pueden insertarse sólo entre las fracturas, colarse entre las fisuras del discurso ensayístico patriarcal-burgués desgastado.

En este modo de inserción, las mujeres se instalan en un género híbrido por excelencia, afín a la situación limítrofe de la mujer, y se apropian de él, logrando su inscripción en el mismo desde su palabra de mujer, negada por el cientificismo oficial de la tradición positivista liberal decimonónica.

En el presente ensayo sobre el ensayo, me propongo considerar otras razones, tal vez ajenas a los aparatos de poder, que explicarían aún más la afinidad entre el género femenino y el género ensayo. Partamos por considerar otra definición del ensayo, otra vez recurriendo a Adorno, que nos aproxima a entender la predilección por este género que muestran algunas de nuestras mujeres de letras: "Escribe ensayísticamente el que compone experimentando, el que vuelve y revuelve, interroga, palpa, examina, atraviesa su objeto con la reflexión, el que parte hacia él desde diversas vertientes y reúne en su mirada espiritual todo lo que ve y da palabra a todo lo que el objeto permite ver bajo las condiciones aceptadas al escribir" (p. 28). No hay duda que esta definición nos sitúa de lleno en los textos de Rosario Ferré de su colección de ensayos, *Sitio a Eros*. En este texto Ferré "vuelve y revuelve" un tema "borbolleante y candente" al fondo de su "cacerola" en su "Cocina de la escritura", ensayo en el que interroga incansablemente la existencia de una escritura femenina, sus fundamentos, sus fundadoras, su inspiración, sus cualidades, sus realidades.

Sitio a Eros es un texto hecho de ensayos en que Ferré "palpa" las vidas y obras de una multiplicidad de escritoras de diversa procedencia, de diversa identidad racial, sexual, social, generacional, y va construyendo con ellas un discurso de la experiencia y un tipo de escritura autoreflexiva, modalidades ambas del género ensayo y de la escritura femenina.

Al leer *Sitio a Eros* somos cómplices de la dialógica ensayística de la mujer. La lectura de estos ensayos nos conecta intertextualmente con otras practicantes de este género literario; traigo el ejemplo de Victoria Ocampo quien "leyendo a Virginia Woolf siente ganas de comentar a la comentadora a través de sus comentarios"[7]. Al escribir este ensayo frente a la imagen femenina, escrita por mujer, de mujer a mujer, me siento comentándolas una vez más, y al hacerlo, me siento comentándome, al encontrarme frente a un espejo que me devuelve una imagen triple, más bien una imagen múltiple de mujeres de letras que "buscamos pistas"[8] para establecer modelos, para establecer una tradición.

Pero ¿qué experiencia, qué imagen sobresale en este juego de espejos refractarios? Es la experiencia de la mujer de letras. Para esclarecer esa imagen, acudo a Elena Poniatowska quien, refiriéndose a Rosario Castellanos, dice lo siguiente: "fue ante todo, una mujer de letras, vio claramente su vocación de escritora y ejerció siempre el oficio de escribir. Amó esencialmente la literatura, la estudió, la divulgó. Fue un ser concreto ante una tarea concreta: la escritura, y desde un principio se comprometió con ella"[9].

De esta cita me interesa sobretodo rescatar la definición de "mujer de letras" para apropiarme del término, y usarlo al referirme en adelante a Rosario Ferré y al resto de nuestras ensayistas latinoamericanas, que desde hace un siglo vienen haciendo uso de la palabra en forma rotunda y desafiante, cuestionando un orden patriarcal. Rosario Ferré pertenece a esta larga tradición de ensayadoras quienes desobedeciendo el "deber ser", desafían y se articulan en su escritura desde una posición descentrada. Desde esa posición, desde el borde logran desenmascarar el "continuum ilusorio que la ideología dominante impone sobre las contradicciones"[10]. Ellas "se liberan de las ataduras de la ideología (al) afirmar el principio de la discontinuidad"[11]. A esta "descontinuidad" es lo que llamo la tradición de la ruptura de la mujer de letras latinoamericana. En la segunda edición de *Sitio a Eros* (1986), Ferré misma al dedicar su libro a su hija y al dirigirse a las lectoras jóvenes, desafía el poder patriarcal apropiándose del discurso del Ejemplo Medieval. Esta vez el "Exemplum" proviene del espacio femenino, con modelos de conducta afianzados en la experiencia de la mujer, y en un legado matrilíneo: "Por ello el libro está dedicado a mi hija... Quería que las vidas de las heroínas allí narradas le sirvieran de alguna manera de modelo, para prevenirla de los conflictos que habría de encontrar más adelante en su propia vida, así como para ofrecerle, como sucede en el libro del *Conde Lucanor*, o en las hagiografías de las vidas de santos, una serie de soluciones posibles a esos conflictos" (p. 196).

Esa nueva tradición de mujer a mujer, de madre a hija, el acto de reposicionarse y de constituirse en sujetos autoriales desde sí mismas, ha llevado a muchas de nuestras escritoras, como es el caso de Rosario Ferré, a encontrarse en "una situación... más expuesta, más desamparada, más sujeta a una sociedad que les es infinitamente hostil"[12] y que no trepida en descalificarlas o ridiculizarlas con mucho más desparpajo que a ningún "hombre de letras". Por ejemplo, recordemos las descalificaciones que ha tenido que soportar Rosario Ferré, como aquellas burdas acusaciones a su escritura, cuando dirigía *Zona de Carga y Descarga*, por parte de René Marqués[13]. Y todo por el hábito de escribir en oposición, tan profundamente enraizado en la mujer de letras latinoamericana.

Desde el primer momento en *Sitio a Eros*, Rosario Ferré revela esta conciencia de oposición. Al asumir la autoría, ella, como sus antecesoras, subvierte el orden establecido y se toma la palabra, es decir, toma una posición de sujeto que habla y que no permite que hablen por ella. Es más, Rosario Ferré lleva la transgresión un paso adelante, explorando las posibilidades de la metáfora femenina y rescatando la autoridad materna, como se advierte en la dedicatoria.

"La cocina de la escritura" es fiel representación metafórica tanto de la autoridad femenina como de su espacio doméstico por excelencia. Ese espacio metafórico y doméstico es valorado como tal y, a la vez, es elevado a nivel conceptual y artístico. La tradición y estructuración matrilínea que conforman el discurso de Ferré, basado en la palabramadre, desplaza la autoridad del Padre y la tradición patrística; el primer párrafo de "La cocina de la escritura" así lo revela:

> *"... La frase lengua materna ha cobrado para mí, en años recientes, un significado especial. Este significado se le hizo evidente a un escritor judío llamado*

*Juan, hace casi dos mil años, cuando empezó su li-
bro diciendo: 'En el principio fue el Verbo'. Como
evangelista, Juan era ante todo escritor, y se refería
al verbo en un sentido literario, como principio creador... Este significado que Juan le reconoció al Verbo
yo prefiero atribuírselo a la lengua; más específicamente a la palabra. El verbo-padre puede ser transitivo o intransitivo, presente, pasado o futuro, pero la
palabra-madre nunca cambia, nunca muda de tiempo. Sabemos que si confiamos en ella, nos tomará de
la mano para que emprendamos nuestro propio camino"* (p. 13).

Pero ¿cuál es y cómo es la palabra-madre de Ferré? Es
aquélla que la autora reconoce como auténtica porque le
ha hecho posible una "identidad propia, que no le debe a
nadie sino a su propio esfuerzo" (p. 13). "Es aquélla que
como la naturaleza misma, es infinitamente sabia, y conoce cuando debe asolar lo caduco y lo corrompido para
edificar la vida sobre cimientos nuevos" (p. 14). Es la que
Ferré reconoce en Woolf y de Beauvoir en un principio, sus
"evangelistas de cabecera", pero que también reconoce en
las historias de sus tías lejanas. Es así como Ferré encontrará la palabra-madre no sólo en la literalidad extranjera,
sino también en la oralidad de los cuentos de su entorno
cultural:

*"Los cuentos orales, los que me cuenta la gente en la
calle, son siempre los que más me interesan... Senta-
da a la cabecera de la mesa, mientras dejaba caer en
su taza de té una lenta cucharada de miel, escuché
a mi tía comenzar a contar un cuento"* (p. 19).

Esa voz y el contar de la tía autóctona, son para Ferré
impulso creador. Ahora bien, si es cierto que la oralidad es
elemento constitutivo del discurso literario de Ferré, éste
también está acompañado de la otra fuente de arranque de
su palabra-madre en quien ella tanto confía: la herencia li-

teraria puertorriqueña, sobretodo la que hereda de la figura de Julia de Burgos.

De todos los ensayos sobre las escritoras que ella se-
lecciona para construir sus comentarios sobre mujeres que
supieron "trascender la mortalidad de sus cuerpos gracias
a la pasión de su imaginación" (p. 7), hay uno que se diferencia de todos los demás, sobretodo por su tono intimista
confidencial, conversacional, elegíaco –me refiero a su "Carta
a Julia de Burgos". Con plena conciencia del desconocimiento que tiene el resto del mundo sobre nuestras escritoras,
Ferré proporciona una nota biográfica para ilustrar al lector desinformado sobre la identidad de Julia de Burgos. La
define como·primera poeta de la literatura puertorriqueña
y ante todo defensora de la emancipación femenina y del
obrero. Es a esta mujer a quien Ferré le dará un tratamiento preferencial y afectivo. Al escribirle una carta recurre a
la "expresión literaria que puede satisfacer mejor el interés
de hurgar la intimidad del espíritu"[14]. De tal manera se
confunden narradora y protagonista, que no queda duda
alguna de la afinidad de Ferré con la palabra-madre de Julia
de Burgos. Esta carta/ensayo a primera vista, por su breve-
dad, parece que no fuera tan central en el discurso de Ferré, pero al leerla detenidamente nos revela el espejo fiel
en que Ferré se mira y en el cual fundamenta su discurso.
Con esta carta/ensayo y con esta palabra aprendida de su
ancestro femenino, la autora nos remite a una realidad cultural propiamente puertorriqueña, latinoamericana, dándo-
nos una de las claves de cómo construir la palabra-madre,
al estructurar su discurso a partir de ese eje central que es
la poeta-madre. No es tan simple el proceso. La carta/en-
sayo se va construyendo en una constante tensión entre la
ensayista y la poeta-madre, entre la persona real y la ficticia; las contradicciones de una y de otra las separa y las
reúne, pero en la aceptación de la realidad contradictoria
en que viven "aquéllas que trascienden la mortalidad de sus
cuerpos gracias a la pasión de su imaginación" (p. 7), el
conflicto se resuelve en la palabra: "la voz de la creación

ahogada por la locura diurna del mundo edificado por los hombres" (p. 95). En esta carta/ensayo se encuentran también todos los temas que obseden a Ferré: "el amor como trampa"[15], la ira, las contradicciones entre vida y escritura, la rebeldía de la palabra mujer. Ferré le recrimina a Julia no haber entendido con claridad cuan necesario es el asumir en su vida aquéllos preceptos de libertad que predica desde el principio de su obra. Se lamenta con ella ante la indiferencia con que el mundo recibe la producción literaria de la mujer. Cuestiona la sociedad burguesa negando sus valores caducos, y le recuerda: "todas tus incongruencias, todas tus debilidades comprensibles, inevitables, quedan reducidas a la nada, a esa misma nada de la sociedad burguesa que tan bien describes en tu poema" (p. 150). Le dice que la admira "Porque tú lograste superar la situación opresiva de la mujer, su humillación de siglos. Y al ver que no podías cambiarla, utilizaste esa situación, la empleaste, a pesar de que se te desgarraban las entretelas del alma, para ser lo que en verdad fuiste: ni mujer, ni hombre, sino simple y sencillamente, poeta" (p. 150).

Ubicada en esta posición de autoafirmación, autopercepción, y autodefinición, legado de la palabra-madre, le es posible a Ferré, sitiar a Eros. El título mismo de su texto de ensayos, viene de otro espejo revelador, de esta galería de espejos que ensambla Ferré; viene de "Sitio a Eros alado" de Alejandra Kollontay. En el ensayo que Ferré le dedica a Kollontay, insiste en develar una de las trampas más grandes que aprisionan a la mujer, y que ha preocupado a escritoras y teóricas feministas de todo el mundo y de todas las épocas: "¿Cómo salir de esa prisión de amor a la cual la mujer se encuentra condenada?" (p. 111). Ferré responde a la pregunta que se han hecho todas aquéllas que aspiran a la liberación, con la palabra de Kollontay: "La mujer que encuentra la voluntad de vivir, de trabajar, de crear, es la mujer realmente liberada. Para ella el mundo ya no se encierra en el círculo estrecho de las emociones amorosas" (p. 111). Agrega Ferré en su afán de problematizar la experiencia femenina al máximo: "no obstante esta aseveración optimista, Kollontay reconoce que el problema sigue sin resolverse, ya que la mujer que intenta ser libre se ve a menudo obligada a vivir sin compañero" (p. 111). En esta conjunción de escrituras de mujeres, el ámbito de lo público y lo privado permanecen escindidos. Ferré no toma una posición radical ante el sentimiento del amor ni ante las diferentes vivencias que de él tienen las mujeres que nos presenta. La propuesta de Ferré por el contrario, al "sitiar a Eros", es más bien una de no dictar normas, manteniéndose fiel así al espíritu antidogmático del género ensayo, y siendo fiel también a la tradición de nuestras mujeres de letras que ensayaron antes que ella. Ferré no pontifica, más bien interroga, más bien muestra solamente el poder destructor del amor concebido como una construcción ideológica más de la cultura dominante: el amor inserto dentro del marco del matrimonio y del sistema familiar burgueses.

Al comentar, ensayo tras ensayo, la constancia y la obstinada costumbre de todas estas mujeres por emanciparse, por afirmar su identidad, por legitimar su obra, por reclamar el derecho a la autodefinición; al comentar el afán por "asaltar las barreras que imposibilitan la expresión de los sentimientos eróticos femeninos" (p. 127); por desemascarar a los malos críticos que encasillan a las escritoras en la locura, o las desautorizan haciendo "interpretaciones arbitrarias de la vida moral y privada de las autoras" (p. 167) –por todas estas obsesiones y más, Ferré construye una crítica cultural que analiza el discurso de la mujer de letras, y en este proceso construye su propio discurso de resistencia. Dicho discurso es aquél que se construye con plena conciencia de la posición subalterna ante el poder.

La ironía sería el arma para defenderse del poder; la ironía sería "el arte de disimular la ira", según Ferré. Con esta reflexión sobre "las tretas"[16] utilizadas por las mujeres de letras, para construir su discurso, llegamos al final de esta galería de espejos refractarios a que nos enfrenta Ferré. Llegamos al ensayo que cierra el texto en su segunda edición:

"De la ira a la ironía, o sobre cómo atemperar el acero candente del discurso". Este ensayo en torno al uso de la ironía en el discurso de las mujeres de letras, va precedido de un epígrafe de Sor Juana:

> *El acero es un discurso*
> *que sirve por ambos cabos,*
> *de dar muerte por la punta,*
> *por el pomo de resguardo (p. 191).*

Con este verso de Sor Juana, Ferré reconoce una palabra-madre más, aquélla que Gabriela Mistral ya había reconocido en la "monja verdadera", como la llamaba ella. Necesidad, costumbre, herencia, no sólo de escribir en contra, sino de escribir con ira, pero con una "ira atemperada", "amartillada por los minuciosos martillos de la ironía", son cualidades inherentes al discurso femenino, que Ferré confirma. Cara a cara a este último espejo de su texto, leemos:

> *En realidad, el don irónico se concreta cuando el primer yo del escritor, el yo formado por su existencia de ese yo que lo constituye en signo, en materia de esa misma historia que está narrando. Esta experiencia de distanciamiento, de objetivación del yo histórico, es lo que le permite al escritor observarse a sí mismo (así como también al mundo) desde un punto de vista irónico y, a fin de cuentas, literario (p. 192).*

Posicionada en su mundo, posicionada en su yo, posicionada en el mundo latinoamericano de las mujeres de letras, desde afuera y desde adentro, observando y observándose, comentando y comentándose, Ferré cierra su libro con un punto de vista irónico que en realidad no cierra el texto sino más bien lo abre a múltiples lecturas. Cumple así con su propuesta inicial: la de asumir y reiterar las funciones de ensayadora, narradora y ensambladora de estas palabras-madres. Su función ideológica queda explicitada en sus propios comentarios (sus ensayos) sobre las escritoras y sus obras. En sus textos, Ferré logra entonces situarse en frente y detrás de los espejos refractarios, desmontando y desdiciendo la imagen empobrecida que se había presentado de la mujer de letras. De esta manera revierte el estereotipo, y "sitia a Eros"; más importante aún: construye un "Eros feminista"[17]. Este último resulta del ensamblaje de las múltiples imágenes con que Rosario Ferré logra articular la palabra-madre. Esta palabra es explícitamente beneficiosa, fundada en el poder femenino que significa "el hacer como poder compartido (y que) mira al poder como el ejercicio del arte de hacer"[18].

Es poder compartido este discurso ensayístico producido y transmitido de mujer a mujer. Ferré se instala entonces, con *Sitio a Eros,* en la mejor tradición de la mujer de letras latinoamericana. Su discurso no obedece a las reglas del juego de la ciencia ni a las de la teoría organizada; no pretende hacerlo. Su discurso logra, eso sí, referirnos a la experiencia particular de la mujer de letras, y al hacerlo contribuye a completar la Historia. Sin pretender estar en posesión de la totalidad de la experiencia humana ni de la Verdad, ella se suma a todas las/los ensayistas que en el ejercicio de su escritura (en torno a ella), por medio del género ensayo, han asumido una posición crítica ante La Cultura.

Notas

1   Camila Henríquez Ureña, *Invitación a la lectura: notas sobre apreciación literaria* (Editora Taller: Santo Domingo, R.D.,1985), p. 174.
2   Camila Henríquez, p.175.
3   Carlos María Gutierrez en, Roque Dalton et. al., *El intelectual y la sociedad* (Siglo Veintiuno Editores: México 1969), p. 82.
4   Theodor W. Adorno, "El ensayo como forma", en: *Notas de literatura* (Ediciones Ariel: Barcelona, 1962), p. 11.
     De aquí en adelante cito entre paréntesis el número de página correspondiente a esta edición.

5   Rosario Ferré, "La cocina de la escritura", en: *Sitio a Eros* (Editorial Joaquín Mortiz: México, 1986), p. 29. En adelante cito entre paréntesis el número de página correspondiente a esta edición.

6   Los conceptos de marginalidad y de la doble mirada se basan en mis lecturas de varias teóricas feministas pero en especial en el artículo de Caren Kaplan "Deterritorializations: The Writing of Home and Exile in Western Feminist Discourse", en *Cultural Critique: The Natura and Context of Minority Discourse* (Spring 1987): p.p. 187-198. El término "oppositional consciousness" es de Chela Sandoval, citada en el mismo artículo.

7   Leopoldo Marechal, "Victoria Ocampo y la literatura femenina", en: *Las escritoras 1840-1940 - Antología*, (Centro Editor de América Latina: Buenos Aires, 1980), p. 176.

8   Rosario Castellanos, *Mujer que sabe latín* (Sep Diana: México, 1985), p.p. 80-81.

9   Elena Poniatowska, *¡Ay vida, no me mereces!* (Joaquín Mortiz: México, 1979), p. 45.

10   Carlos Altamirano y Beatriz Sarlo, *Literatura/ Sociedad* (Hachette: Buenos Aires, 1983), p. 54.

11   Altamirano - Sarlo, p. 54.

12   Poniatowska, p. 53.

13   En Juan Angel Silén, *La generación de escritores del 70* (Editorial Cultural: Río Piedras, Puerto Rico, 1977), p. 88.

14   Camila Henríquez Ureña, "La carta como forma literaria de expresión femenina", en: *Feminismo y otros temas sobre la mujer en la sociedad* (Editora Taller: Santo Domingo, R.D., 1985), p. 85.

15   Marta Lamas, "El amor como trampa: una crítica feminista al amor heterosexual", *Fem* Vol. VII, Nº 26 (México, febrero - marzo - 1983), p. 20.

16   Josefina Ludmer, "Las tretas del débil", en *La sartén por el mango*, P. González y E. Ortega eds., (Ediciones Huracán: San Juan, Puerto Rico, 1984), p. 52.

17   Con respecto al término "eros feminista" consultar: Huanani-Kay Trask *Eros and Power: The Promise of Feminist Theory* (University of Pennsylvania Press: Philadelphia, 1986).

18   Julieta Kirkwood, *Ser política en Chile: las feministas y los partidos* (FLACSO: Santiago de Chile, 1987), p. 217.

FEMINIZACION DE LA PALABRA POETICA: *NOCHE VALLEJA* DE PAZ MOLINA: (1990)

Antes de embarcarme en una lectura de *Noche Valleja* de Paz Molina, se me hace necesario apuntar a algunos problemas que suscitan las lecturas, la recepción de la obra literaria producida por mujeres chilenas y muy en particular por las poetas.

Al leer varios artículos que han aparecido ahora último en la prensa sobre la poesía chilena actual (y no toco el tema de las antologías en esta ocasión), me preocupa y me perturba la sistemática marginación de las mujeres poetas, y la persistente negación de incluirlas y considerarlas como parte integral de un todo dentro del discurso poético chileno. Dirán algunos: pero si siempre ha sido así, las mujeres son sólo una excepción; peor aún, dirán otros que las mujeres mismas se han auto-marginado, se han separado deliberadamente del discurso patriarcal dominante, sea este poético o crítico. En ambos juicios se constata una grave situación: un desconocimiento profundo de la compleja problemática que plantea la escritura de las mujeres para sus emisoras y sus receptores y lo que es aún más grave, se confirma el desinterés y la falta de comprensión de la necesaria auto-marginación con la que las escritoras han/hemos querido marcar la diferencia; postura que en ningún caso significa establecerse en la desigualdad o en la descalificación del Otro.

Como la poesía de Paz Molina, y en especial su *Noche Valleja* marca la diferencia, al ser parte del discurso poético femenil que con desenfado evidente cuestiona el orden literario establecido, me permito hacer este preámbulo en torno a cómo se lee esta producción, desde un contexto político-cultural.

Paz Molina pertenece a un cierto grupo de escritoras que en estos últimos años oponen su escritura a aquélla poesía femenina anterior que constituía un discurso de dependencia y sumisión al discurso poético masculino. Ahora bien, aunque parezca extraño, no cabe duda que es durante los últimos años de la dictadura militar que el discurso de la mujer escritora logra infiltrarse por los resquicios del Poder y emerger como una escritura desafiante. "Treta del débil" por excelencia ésta de infiltrarse para abrirse paso entre el desorden patriarcal del regimen autoritario. No fue casual el hecho que en 1987 se convocara, desde un grupo de escritoras, a un congreso internacional de literatura femenina latinoamericana en Santiago de Chile. Acto y gesto transgresor notable, como lo han señalado varias de sus organizadoras en más de una oportunidad. En medio de la restricción más brutal de la creatividad, se inaugura en 1987 un espacio literario de mujer que da a conocer un corpus literario importantísimo hasta entonces casi por completo desconocido y, además, silenciado. Sale al espacio público un discurso cuestionador que va mucho más allá de la denuncia política contingente, y que pone en evidencia el desconocimiento sobre la existencia y pertinencia del quehacer literario de las mujeres. En fin, emerge un discurso literario que modifica la escena cultural chilena. Pero ¿qué ha sucedido desde entonces? Y ¿qué sucede ahora en la democracia de los 90? Ante la irrupción, la diversidad, la potencia, la excelencia del discurso poético de las mujeres que por cierto es amplio, complejo, diverso, vital, transgresor, renovador, político (en su más amplio sentido), y transformador de códigos añejos, la reacción no tarda en manifestarse. Se cierran las compuertas. Nada de sorprendente esta reacción por lo demás, cuando un grupo humano considerado "minoría marginal" (por el poder hegemónico, en este caso el literario patriarcal) se siente interpelado, cuestionado, por un nuevo discurso que emerge sólido y que emerge además solidario y colectivo. Esta negligencia por apreciar la escritura de las mujeres confirma mi contienda, aquélla que sostiene que la tradición literaria del canon organizado, respetado, oficializado, hay que entenderla no sólo

como un contexto que define el texto, sino también como·
un campo/espacio de verdadera lucha política-intelectual.

¿Qué sucede cuando las mujeres transgreden el orden y
osan hablar/escribir desde sí mismas, con su propia voz?
Primero, se cierran hasta los resquicios por donde solían
infiltrarse, y luego se las margina del todo unitario del canon oficial. Se las lee de "tres en uno" como bien señalaba
Raquel Olea en el foro "Cuando las mujeres escriben" de la
Feria del Libro del año 1989; o se las ubica, por ejemplo,
en uno o dos párrafos al final de los estudios panorámicos
sobre poesía chilena y se las vuelve a agrupar de a tres o
cuatro, arbitrariamente. Se las encasilla en categorías forza-
das sin un análisis previo, sin un conocimiento a fondo de
la diversidad de sus discursos y de la complejidad de las
voces que existen en la lírica de las mujeres chilenas hoy.
Al aislarlas de los poetas hombres, con quienes ellas sí dia-
logan, el Poder les niega su capacidad de crear en iguales
condiciones; se les niega una tradición de la que ellas también son parte.

Mal se ha leído la producción literaria de las mujeres por
la crítica hegemónica (con raras excepciones) y peor aún
se ha leído la necesidad de refugiarse, las escritoras, en un
"cuarto propio": espacio propio creado para fortalecerse, re-
conocerse, reunirse con una tradición propia desde donde
salir a encontrarse con el Otro; mal se interpreta también
la corporalidad textual de los textos de las escritoras, corporalidad que trasciende la opresión física y social que han
sufrido las mujeres a lo largo de la historia patriarcal; mal
se lee esta palabra otra; en fin, mal se lee el gesto de se-
paración necesario. Más urgente que nunca se hace hoy el
insistir en la necesidad de las escritoras de construirse estos espacios desde donde poder autodefinirse. Como dice
Adrienne Rich: "El deseo de la escritora es danzar fuera del
espejo del texto masculino y danzar hacia una tradición que
le posibilite a ella crear su propia autoridad/autoría". Pero
esta necesidad no debe significar que el Otro le niegue su
lugar dentro del todo. Este es el contexto y ésta la realidad

que ha obligado a muchas mujeres a establecerse y producir su palabra desde espacios alternativos al Poder.

Paz Molina me comentaba hace algunos meses que sentía que escribía en un vacío. ¿Cómo no sentirlo? En esta
cultura patriarcal que se construye en oposiciones, mal puede darse una relación de horizontalidad que no empuje al
vacío; mal puede darse una relación que logre trascender
la polarización/división de las estructuras del orden jerár-
quico en que inevitablemente uno de los polos queda su-
bordinado al otro, y éste lo margina del centro. Esta situación extrema, producida por el desorden de un sistema
destructivo ha obligado, a veces, a las mujeres, por ejemplo, a construirse en oposición, para poder sobrevivir. Afortunadamente son muchas las que trascienden el Poder destructor del sistema binario de la cultura patriarcal occidental y desde su propia visión, desde su auto-definición, emergen con proposiciones, a mi modo de ver, transgresoras en
lo medular: ellas proponen no seguir con la división/la
oposición, y sugieren la fusión amorosa (primero consigo
mismas, luego con el otro) desde un lugar propio, que les
permite interpelar y enfrentar al Otro, de igual a igual.

Noche Valleja es precisamente un intento de fusión y es
a la vez forcejeo con una tradición, con una poética patriarcal que produce una imagen de mujer, que en sí niega todo
lo que la mujer (la escritora) es, no sólo porque esa imagen no calza con su experiencia, sino porque generalmen-
te esa imagen producida por el ojo del hombre connota la
pasividad, y niega el poder creador de las mujeres.

Desde esa mirada y en ese contexto leo *Noche Valleja*
de Paz Molina, como un texto que se opone al binarismo
del sistema del signo y que lo triza en una tenaz búsqueda
de "otro modo de vivirse", de otro modo de escribirse, desde
su condición, cuerpo y tradición femenil. En *Noche Valleja*, Paz Molina sobrepasa la experiencia negativa de la oposición con exclusión del otro, e intenta articular una palabra múltiple y fluida. Para ello, intenta des-anudar la palabra de códigos ajenos que la constriñen: "rodamos lentamen-

te/ hacia lo más desnudo/ Influyente comadre/ regalona del
léxico/ trágate pretenciosa/ mis mareas mis lápidas/ inviér-
teme los términos/ agoniza en mis blancos/".

El texto está estructurado en un tríptico, en sí una construcción que rompe con el binarismo. ¡Y qué tríptico! Pala-
bra-Cuerpo-Noche son sus partes integrales. No es casual
que el texto se abra con 17 poemas a la palabra, sobre la
palabra, con la palabra. Pero ¿qué palabra es ésta que aparece como protagonista central de esta primera parte y luego se instalará como dueña y señora en la segunda y tercera? Una palabra arraigada a la tradición subversiva de las
poetas, desde Sor Juana hasta el presente.Toda la primera
parte, "Palabra" es pues una búsqueda persistente de aquella palabra.

Comienza el libro en una negación:

> *No hay trascendencia*
> *sino menoscabo*
> *en la visión que da forma al azar*
> *No me determina el signo.*

Desde esa negación, ese vacío, la hablante de los poemas emprende su ir y venir entre el Verbo impuesto y la
palabra buscada. Para encontrarla, la hablante entra en un
"juego del sentido", un juego amoroso. Al decir de Barthes,
se sitúa "en el lugar de alguien que habla de sí mismo, amo-
rosamente, frente a otro (el objeto amado)" –la palabra, en
este caso, que aún no habla. El juego conlleva la búsqueda y el deseo de "hacer hablar" a la palabra, y deviene así
en un galanteo, en que la palabra goza tocándose a sí misma:

> *Señorita palabra*
> *buena amiga del ocio*
> *así dibujante atrevida*
> *te describo*
> *con dedo luminoso y helado*
> *no me abandone nunca tu hueco*
> *lúcido protector de mi total*

Regia mía te amo
te deseo
te sirvo

Dulce mía te voy cercando
te me retuerces
dedo voluntarioso gestiona
tus incumbencias

Palabra de mujer que borra límites y los traspasa, para
seducir a la otra (que puede ser ella misma), para asediar-
la, para esquivar a la equívoca, para culminar en un abra-
zo:

Palabrita palabra
que me abres que me abrazas
me quiebras me encabritas
¡Abrígame las ávidas!

"Palabra", primera parte de este tríptico amoroso, es "el
gesto del cuerpo mujer sorprendido en acción". Es "el discurso amoroso urdido de deseo de imaginación y de declaraciones", para recordar a Kristeva.

Palabras que no son ni idénticas ni separables, pero que
son la expresión de la importancia primordial que tiene el
tacto para el sexo femenino. No son los ojos quienes definen o estructuran el sentido y la identidad de la sujeto que
habla; sí lo es el contacto sensual.

Dentro de la fusión amorosa también está presente en
el libro aquella otra, aquélla que lastima a la hablante por
ser exclusiva:

Y al nombrarte sin nombrarme
me lastimo

Y tu mayoría qué será sino costumbre
que enmudece?

Esa palabra otra que se confunde con la propia nos guía
a la segunda sección del texto: "Cuerpo". Se produce entonces un entrar y salir fluido en que los límites se vuel-

ven aún más borrosos, en que la palabra propia choca con la ajena y que la hablante denuncia como impropia:

> *Me agito en tu garganta*
> *Y voy siendo en la mentira.*

De ahí el devaneo, la duda, las grandes preguntas que llevarán a la hablante a conformar la voz propia y la fusión, con todas las contradicciones del caso:

> *Por qué creer que el torso dulce y la oreja mordida*
> *Ayudarán a germinar una flora incierta?*

> *Por qué intentar tu lengua tan muda de besos?*

"Palabra" es comienzo e intento de localizar una posición de sujeto femenino coherente, dentro de las contradicciones que lo estructuran; esta primera parte es búsqueda de una resolución a los conflictos internos que se encuentran en un discurso femenil (discurso que refleja la relación dialéctica entre la individualidad concreta de una hablante mujer y el lenguaje con que se construye su subjetividad). La segunda parte del poemario "Cuerpo", configurará dicha subjetividad.

"Cuerpo" abre con un poema sentencia : "Te urjo a derivar en carne". Sólo que no es el Verbo de la tradición patriarcal el que se hace carne, sino que es la palabra balbuceante, tentadora, huidiza y aún ajena, que busca corporeizarse en el segundo tiempo de este juego amoroso, para encarnar el deseo de apalabrar (hacer propio) el acto de nombrar el deseo mismo:

> *Te urjo a derivar en carne que no es tuya*
> *como quisiera*
> *Me tientas con tu pasión por algo que no intuyo*
> *Jugaremos hasta muy tarde.*

Es en esta parte central del poemario donde la hablante, a través de una memoria primordial intuida –"Memoria adentro yo te nombrara", dice– hace decir el balbuceo primero que propone como comienzo de un tejido/texto propio.

Cuerpo textual que aún no siente suyo, en que aún siente una carencia, y en que la "conciencia trágica" se manifiesta en todo el esfuerzo de reconstruir la pluridimensionalidad de la palabra.

Pero a pesar de la carencia, la hablante del poema "Vuelo Sordo" confirma la búsqueda tenaz:

> *Yo persisto en mí como un pájaro*

Y esta vez no es un "pájaro asustado", porque ya hay "otra manera de vivirse", aquélla que "abre la tierra virginal y ríe", invirtiendo el orden establecido como lo explica el poema "Venturoso"; este poema precede a "Tango Vallejiano", que es por el contrario, poema de nostalgia dentro del esbozo de este nuevo cuerpo textual, que se ha ido hilando en un constante tira y afloja. "Tango Vallejiano" es la despedida nostálgica, el dolor del desprendimiento de una tradición prestada, que la hablante no niega como parte suya, pero de la cual sí se aleja:

> *Me queda cojo el sueño de la boca*
> *Y te me vas en súbito caballo*
> *Y se me queda niño aquel asombro*

Luego de "Tango Vallejiano", poema despedida/homenaje al poeta-padre, entramos a la *Noche Valleja* de lleno. Pero antes, para establecer el puente entre "Cuerpo" y "Noche", esta segunda parte termina con la instalación de la hablante en un lugar ameno, un espacio femenino por excelencia, espacio interior: el poema "Menguantes con dulzura". Es el poema que cierra "Cuerpo" y es el lugar en que se anula la polaridad, en que cesa la pugna. "Menguantes con dulzura" es espacio pluridimensional que no excluye sino más bien *incorpora*:

Aquí cabremos los tres
Menguantes con dulzura
y profundos al medirnos
los apurados goces

Menguante lunar, fase menguante de la luna que simboliza un mundo subterráneo, desconocido, asombroso, reconocible sólo desde el inconsciente. "Menguante con dulzura" abre paso a su vez, a una transexualidad: herencia primigenia que se corporiza en la palabra poética, y que nos retrotrae a un imaginario, donde la tumba de la muerte y el vientre de la vida son indivisibles. Desde ese lugar, la "Noche" (tercera parte) se lee no como lúgubre, oscura, sino por el contrario, como el paso a la luz, al alumbramiento de la palabra buscada: "cuando gime la forma su pregunta".

"Noche" es "panorama de lo múltiple", "misterio precioso" que asume la forma de pregunta; interroga al otro discurso y se abre al infinito, a lo irracional que fluye, que sorprende: que "engancha a la sorpresa como si laberinto", que traspasa todo límite tangible hacia un sueño, un "sueño impropio". En realidad el poema que lleva por título "Noche", en sí es, a la vez, muerte de un discurso ajeno y madre de un discurso propio:

Y me ha dado la gana
de ser libre de condición
y de alarido
hurtando el cetro a la canalla
oficialmente constituida en mí
me hago presente
Y el deseo de vivir descubre mi arrogancia
Vuelo a mí.

De "Noche" a "De buena fuente lo sé", poema que confirma la vuelta a sí misma, la voluntad de la poeta de traspasar los límites y de instalar su palabra gozosa, no cesa; la palabra que hereda viene de una sabiduría primigenia, de una Noche-Madre que le permite rebelarse y revelarse, pero que por sobre todo le permite liberarse de la culpa que la ataba, y que le impedía la transgresión y la vida:

> *De buena fuente lo sé*
> *Hoy se termina el plazo para todo*
> *No habrá culpa*
> *que pueda postergarse de tal forma*
> *La boca debe abrirse hasta la vida.*

Noche Valleja de Paz Molina, noche de afirmación del misterio de la poesía, del poder de la escritura para evocar otra lengua; una lengua viva hecha por manos de mujer y dicha por boca de mujer.

VIAJE A LA OTRA PALABRA: *ALBRICIA* DE SOLEDAD FARIÑA*
(1988)

Los trabajos de la cultura en Chile y en particular la poesía, y muy en especial los textos de las poetas mujeres han sostenido una tensión crítica con la experiencia social, durante los últimos años de la dictadura. Los discursos poéticos no se limitan sólo a la denuncia, sino que han sido más bien conscientes de los lenguajes de cambio social y del nuevo trabajo escritural latinoamericano. Es así como el rigor del discurso poético femenino corre paralelo a un movimiento de mujeres cada vez más fuerte y vital (y a estas alturas no creo que sea mera coincidencia). Ambos discursos, el poético y el político, se nutren mutuamente, y han logrado filtrarse por entre las fisuras de las estructuras de poder. Los conflictos políticos que han ocupado a muchos de nuestros escritores y su expresión, son parte también hoy, del discurso de las mujeres, en los ochenta. Es un discurso subjetivo, muchas veces, que acentúa la voluntad personal (sin descuidar la colectiva), y que señala la osadía y el gesto radical de las nuevas voces. Estos discursos constituyen reformulaciones tanto de nuestra experiencia socio-política como de la imaginaria. Desde esta perspectiva, el nuevo poemario de Soledad Fariña responde, en parte, a la orientación que se plantea como una indagación en el lenguaje; como una palabra que insiste en señalar condiciones de carencia, que se perciben como molestias de la indiferencia social, de las injusticias sociales, de los abusos de prácticas políticas que violan los derechos humanos. Dentro de este contexto, *Albricia* es pues, poesía indagatoria. Es poesía que hurga en espacios íntimos, que aunque íntimos no dejan de ser políticos, y que pugnan por salir a espacios

---

*Este artículo-presentación de *Albricia*, apareció en el suplemento "Literatura y Libros" del diario *La Epoca*, Año 1 Nº 46, 26 de febrero de 1989, pp. 6 y 7.

públicos para afirmar los afectos, las complicidades, los deseos, pulsiones, reflexiones y creaciones de las mujeres. Así, *Albricia* se puede leer como otro texto de iniciación más, que recorre los recovecos del inconsciente colectivo femenino latinoamericano, que afirma la escritura en una compleja exploración que supone cambios en la escritura. Soledad Fariña sondea en éste su segundo poemario, la otra palabra, posicionada desde una subjetividad femenina que aflora en su propio texto.

Toda esta exploración deviene en un viaje. Se abre el poemario: "Viajo en mi lengua/de arena pantanosa...", y es su viaje, su aventura de la lengua, su aventura con la poesía, que es también parte de una aventura colectiva, aquélla que han emprendido las escritoras latinoamericanas en busca de una palabra que no las traicione. Es por eso que aun cuando Soledad Fariña utiliza la aventura mítica, el viaje heroico de la tradición occidental, ella lo transforma, lo revierte, lo recrea. La actitud reversionista indica una voluntad y una redefinición de las escritoras, que al ir haciéndola, van redefiniendo toda nuestra cultura. En este gesto, por ejemplo, se rechaza el mito dado y se construye uno nuevo que sí incluye a las mujeres. En este afán de reconstrucción, *Albricia* es un intento por recuperar la palabra-madre americana, que hemos perdido todos, (hombres y mujeres) al inscribirnos dentro de la lengua que nos impuso la cultura patriarcal de Occidente. Es imperiosa la búsqueda de una palabra que sea fiel a esa palabra original, y éste es el logro más bello de *Albricia*: todo su viaje es una vuelta al origen madre y todo su proceso es de re-versión.

La primera parte va precedida por un epígrafe de Gabriela Mistral, primera clave para remontarnos a un principio; es el comienzo de un viaje que se asocia con la estructura mítica de la aventura del héroe, y con algunas instancias de los procesos iniciáticos: el encuentro, la ofrenda, el retorno, la entrega y la inscripción en una zona sagrada; estas instancias están todas presentes en el texto de Soledad Fariña, pero están invertidas.

Para empezar, el viaje no es uno de ascención al lugar sagrado, sino que por el contrario es un descenso al origen mismo: al espacio húmedo, uterino, en que la hablante y la otra, yo y tú, se encuentran. Tampoco se encuentran en un lugar reconocido/reconocible. Se encuentran en un espacio oscuro, ciénaga incierta, zona que aparece desacralizada. Visión alterada de la visión patriarcal en todo el trayecto.

Habría que detenerse un momento en la figura de la amazona arquetípica que aparece en la segunda parte del poemario; aparece luego de remontarnos a un origen más. Se abre esta segunda parte del poemario con otro epígrafe, esta vez del *Popol Vuh* que viene a confirmar un origen perdido, con el que se identifica la nostalgia de la hablante. La aparición de la amazona refuerza entonces el haz de relaciones paradigmáticas referidas a nuestros orígenes, en el complejo tejido del texto. La amazona hay que mirarla desde una lectura feminista, para comprender su significación otra, en el texto. Es la representación de la maternidad, que incluye sólo la díada madre-hija, que es precisamente la relación que ha sido prohibida por las leyes y normas del patriarcado. Gesto de ruptura éste de escribir desde esa madre.

Múltiples son las asociaciones que revela el cuerpo textual. Para establecer plenamente la relación entre palabra-madre y palabra-hija, se hace necesario encontrar (como en el juego infantil), la palabra que nombra el poemario, la albricia, que se esconde en la segunda parte de este viaje a la semilla por la "ciénaga verde". Se encuentra justamente en un momento de unión, de transformación, y de goce, en que la iniciada espera la sentencia de la iniciadora, luego que se transforma por los labios de la "Exégeta":

Cada salto una albricia estremeciendo
el Anca.

¿Y cuál será el sentido de la palabra *Albricia?* Todos

conocemos las connotaciones de albricias, en plural. Pero la abricia en singular es más difícil de hallar, y la encontramos nada menos que en *Tala*. ¿Sorprende la coincidencia? No, no sorprende que surja de un inconsciente colectivo por medio de la palabra poética. Dice Gabriela Mistral en sus notas a *Tala*:

> *"Albricia mía: en el juego de las Albricias que yo jugaba en mis niñeces del valle del Elqui, sea porque los chilenos nos evaporamos en la "s" final, sea porque las albricias eran siempre cosa en singular –un objeto escondido que se buscaba– la palabra se volvía una especie de sustantivo colectivo. Tengo aún en oído los gritos de las buscadoras y nunca más he dicho la preciosa palabra sino como la oí entonces a mis camaradas de juego... El sentido de la palabra en la tierra mía es el de suerte, hallazgo o regalo. Yo corrí tras la albricia en mi valle de Elqui, gritándola y viéndola en unidad. Puedo corregir en mi seso y en mi lengua lo aprendido en las edades feas –adolescencia, juventud, madurez– pero no puedo mudar de raíz las expresiones recibidas en la infancia. Aquí quedan pues esas albricias en singular..."*

Y quedaron bajo quién sabe cuántas capas de tierra americana que Soledad Fariña buscando el origen de la palabra-madre, como una buscadora más, desenterró para suerte nuestra. Su poemario *Albricia* es el hallazgo de esa palabra reprimida, de esa "otra palabra" que nos ofrenda a nosotros. Termina su texto en un comienzo:

> *Soy la semilla oscura / apenas delineada*

Para que otras corran tras la albricia, la encuentren, la griten, la ofrezcan en unidad.

TRAVESIAS BELLESSIANAS*
(1992)

"Navegando el insondable viaje de la tierra".

Diana Bellessi[1]

Le he dado el nombre de "Travesías bellesianas" a este ensayo, porque la travesía es un viaje, y evidentemente el motivo del viaje atraviesa la obra de Bellessi; nada nuevo dirán Uds., ya que la poesía-viaje es constante universal. Pero hay novedades, y es por eso que se hace necesario diferenciar el viaje de Bellessi. Si tomamos el significado de viaje como lo entiende Díaz Casanueva, por tomar un sólo ejemplo de poeta viajero, diría con él que la poesía es fundamentalmente "viaje-pregunta". "Viaje hacia el gran viaje", en que "El poeta viaja en su significado"[2]. Parecería quedarme contenta con estas asociaciones. Pero no. La pregunta se impone: ¿viajan igualmente las poetas? ¿Es la aventura del héroe la que se representa en la escritura de las mujeres poetas? Pareciera que no, o al menos no me parece así, cuando leo, por ejemplo a Gabriela Mistral. Ella me da una seña: "La Aventura" quise llamarla, mi aventura con la poesía"[3]. Aventura con mayúscula, "La flor del aire", su poema de amor entre dos mujeres. ¿Qué me indica Mistral en ese viaje suyo? ¿En qué consiste su aventura? En un marcar la diferencia: su aventura consiste en inscribir el cuerpo mujer, la sexualidad femenina, el deseo femenino expresado desde su propia experiencia en el poema. Desde esa óptica mistraliana leer a Bellessi. Es por eso que he querido titular esta peregrinación mía por su obra, con otro nombre para decir su aventura: "Travesías". Distingo, así, la aventura de ella, del viaje heroico de los poetas hombres; la sin-

*Apareció en *Revista Chilena de Literatura*, U.de Chile, Nº 42, Agosto de 1993, p. 183.

gularizo, utilizando su propia palabra: "Buena travesía, buena ventura pequeña Uli"[4] lleva por nombre uno de sus últimos libros que contiene en sí tres voces femeninas que se entrelazan en un ir y venir constantes por el texto, para así signar la voz femenina como plural. Travesía, porque se trata de cruzar varios umbrales, varias fronteras. Travesía, el viaje por mar, el flujo y reflujo de la lengua madre, tan bien abordada en Bellessi; su palabra, que atraviesa la tierra americana, la historia y la memoria ancestral; palabra que se zambulle en su/el cuerpo mujer: madre, hija, amiga, amante, amazonas danzantes. Voces múltiples. Lengua madre que permite reflexionar sobre el ser mujer, mujer latinoamericana, en toda su heterogeneidad, corporizándola al remontarse a los orígenes. "Travesía", un remontarse "a la fuente del sentido habitual de los conceptos... captar por el lenguaje la fuente misma donde el lenguaje emana... Las ciencias que tratan de lo poético, sólo captan momentos, formas, figuras", dice P. Marchant[5] ¿Y porqué bellessianas? La respuesta es obvia, son suyas; más importante aún, invento ese adjetivo para referirme a la musicalidad de la poesía de Bellessi, y una vez más me da la clave el filósofo: "Música por cierto, sin nombre y sin palabras, las nuestras... una palabra inaudible y prometida como un después, presagiada, resonante, en la palabra después, una palabra que no hacemos sino, toda la vida, presentir"[6].

Comienzo mi lectura por el que creo un principio. Hay unos "versitos" como los llama la autora, muy tempranos, publicados en Ecuador en 1972, dedicados a los adolescentes: *Destino y propagaciones*. "Errancias del corazón" llama Bellessi a las grandes preguntas que se plantea en ese primer libro: "¿qué estertor qué feroz vibración no se mete en la casa entre nosotros y el paisaje?". *Destino y propagaciones*, primer recorrido extendiendo la mirada sobre la Tierra Americana, vía del conocimiento de "lo propio y lo ajeno", búsqueda de una voz propia. En el Encuentro de Poetas realizado en Valparaíso, en noviembre de 1991, Diana Bellessi leyó un texto en el que dio cuenta de su trayectoria, pero por sobretodo, reflexionó sobre su quehacer poético. La primera parte de su ensayo se llama precisamente "Lo propio y lo ajeno". Me parece necesario que ese texto hable antes de empezar la travesía de sus otros libros; dice: "En un día claro se puede ver para siempre... Se está allí, en medio del día, el aire brillando en su transparencia y en la calle empedrada un yuyito cualquiera, tan completa y frágil envergadura de ser, de *estar* en el día claro como un detalle entre los detalles incontables, representando la dicha y la pena de su individualidad que se debe al círculo de los otros... La vulnerabilidad, un lugar en la secuencia aritmética de los otros y no el Uno Unico, es la puerta que posibilita el ejercicio del amor y la entrada del paisaje al poema... La mirada inmanente... aquella que coloca al yo del que escribe, abierto en su vulnerabilidad, como participante en la naturaleza, afectándola y afectado por ella –y este es quizás el misterio del diálogo–, entra al espacio del detalle, de las pequeñas cosas. Abandona el control y se permite no necesitar ser, más de lo que es. Simplemente parte de todo... ¿cómo miran las mujeres el paisaje? ¿cómo ingresa a sus poemas?"[7].

Tal vez la mejor manera de saber cómo ingresa el paisaje en su obra es asomándonos a *Crucero Ecuatorial*. "Viaje beat" se le ha llamado a *Crucero Ecuatorial,* libro que aparece en 1972; diría que es más bien un insondable viaje interior, un desplegar la mirada y vagabundear por la América nuestra, deteniéndose en miles de detalles, queriendo abarcarlo todo, nombrando a América, buscándola, en su flora y en su fauna, y especialmente en sus gentes y en sus hablas:

> *Nunca olvidaré a la Antonia*
> *parada en medio del camino,*
> *con su manta guajira negra*
> *su silencio y aquella forma*
> *en que me miraba.*
> *En el pueblo de Uribia*
> *con todos hablé, menos con ella,*

> *a quien más deseaba.*
> *Antes de partir hacia Cabo de la Vela*
> *me dio por saludo, a mí,*
> *pequeña vagabunda americana,*
> *estas palabras:*
> *-Yo no me saco mi manta.*
> *No te la sacás Antonia,*
> *me repetía, entre los barquinazos del camión,*
> *las latas de gasolina, las cabras;*
> *no te la sacás,*
> *no te vas de tu tierra, ni de tu raza.*

Crucero, poema-inventario, poema-crónica de un viaje real, que hizo Bellessi por toda América (1969-75), cruce necesario para adquirir esa "mirada inmanente", para no alejarse demasiado de su tierra ni de su raza. *Crucero Ecuatorial* es la portada a las grandes travesías, a los grandes proyectos poéticos que le siguen: *Danzante de doble máscara* y *Eroica*.

Pero antes un recodo en el camino, para tomar aliento, para refrescar la memoria en el paisaje, para volver a casa, me refiero a su tercer libro *Tributo del mudo*, a lo mejor "el silencio anterior a las palabras"[8]. La intertextualidad de este libro es rica, compleja, y nos puede disparar a muchos sitios; es por eso que me ciño al encuadre que le da la propia autora: los poemas de una mujer china, real o ficticia, cuya "mudez" le da el impulso al texto de Bellessi. El "mudo", hablante de los poemas de *Tributo*, da cuenta de su entorno, contempla el paisaje argentino, el del Delta: son verdaderas miniaturas impresionistas, elocuentes paisajes, pinceladas hechas de su "mirada inmanente"; una primera forma de "volver a casa", para esta "transparente viajera".

Corren los años de 1982 y Bellessi centra su discurso en la mujer, tal vez a modo de llenar el vacío que le mostró la poesía china, o tal vez consciente ya de la tarea que emprendían las mujeres en todo el continente, aunque entre ellas muchas se desconocieran. Sí señora, se siente una en casa cuando se lee: "Mirando a Felicita lavar la ropa":

Flamea un aro de golondrinas en el cielo
y el azul,
el púrpura delicado,
anuncian un día de fiesta
para mañana.
Sobre las escaleras del muelle
como ramos de caña de ámbar,
reposa la ropa lavada.

Hace ya un tiempo que Emily Dickinson nos sugería que la lengua del corazón tiene otra gramática y declaraba: "Nature is a Haunted House –but Art– a House that tries to be Haunted"[9]. Esta es la Casa a la que se vuelve. Es que en *Tributo* la poeta se vuelve hacia adentro, en un intento de encontrar las verdades posibles que le brinda la búsqueda espiritual, esa energía fundamentalmente psico-biológica, ese liberar la imaginación, ese placer que no busca el control sino que por el contrario, quiere producir un texto que dé cuenta de la relación íntima entre el ser humano y la naturaleza. La tarea de la poeta, parece ser entonces, como la del mago: la de ubicarse fuera de las leyes sociales, fiel solamente a su sondeo profundo. A las mujeres no nos cuesta situarnos en sitio más cercano a la magia; porque solemos ubicarnos en zonas que lindan con el sueño, con la fábula, con la muerte, la sinrazón; tampoco nos resulta tan dificultoso, oponernos a la temeraria empresa del hombre: la de trascender. Nosotras, a menudo nos deslizamos al lugar de la inmanencia; lugar que privilegia Bellessi desde su *Crucero* inicial, y que corrobora en *Tributo*:

Todo acaba. Todo empieza.
Entro al Otro Mundo
en otro mundo.
Follajes de agua dorada.
Terror del deseo
Embriaguez del deseo
Filigranas vivas que van del amarillo
al rojo, al naranja.
....

> *¿Habitante o Habitada?*
> *Estuco y sangre.*
> *Fuego alterado en la memoria*
> *de la especie.*
> *Isla. Umbral. De sueño el sueño*
> *y la trama.*

"¿Cómo ingresa el paisaje al poema?", se preguntaba Bellessi, pregunta que introduce en el poema recién citado, en una de sus variaciones: "¿Habitante o habitada?". Como vemos, no se pierde en el entorno natural –entra en él, lo habita, en fin se identifica con él porque quien "lo menciona acepta su propia vulnerabilidad". En ese paisaje me detengo.

Bellessi también hará un alto en el camino. El próximo libro viene de la otra América y es una traducción, un libro de poemas de mujeres norteamericanas, *Contéstame, baila mi danza* de 1984, dedicado a un gran número de mujeres, aquéllas que: "aportaron su sabiduría poético-política y su conciencia para despertar la (suya)"[10] –otra forma más de "volver a casa". Es necesario detenerse un poco en esta traducción, que no es otra cosa que una nueva manera de atravesar, en este caso de una lengua a otra: "una traducción pone siempre un antes: traducir es anteponer, dice P. Oyarzún. Y agrega: "...si la traducción está abocada a un antes no es porque proceda de él, sino porque se remonta en pos suyo"[11]. *Contéstame, baila mi danza*, es libro que sirve de puente entre la primera poesía de la autora y la que viene a continuación, poesía que vendrá con la palabra de mujer de la mano, o más bien acordonada, aprehendida, a ella. Leo al final de la introducción a este "libro-travesaño": "No más terror y cuarto oscuro. No más suicidios en tarde de primavera. La voz de estas siete mujeres, apasionada y profunda, nos impulsa a vivir, en una nueva forma nuestras vidas"[12]. Yo pienso, no en vano el feminismo nos relaciona y fortalece a las mujeres. Ahora sí, podemos avanzar viento en popa.

En 1985, Bellessi emprende la gran travesía latinoamericana; aparece su *Danzante de doble máscara*, y para acom-
pañarla hay que atravesar muchas fronteras dentro del texto mismo. Tres epígrafes lo preceden: "Un mito es una
imagen participada y una imagen es un mito que comienza
su aventura", José Lezama Lima; "La utopía no es un lugar
a alcanzar, es un motor a utilizar", palabras de la filósofa
argentina Nelly Schnaith; y por último, no podía faltar, Eva
Duarte: "Volveré y seré millones". Continúo abriendo el libro y me topo con una "Hierofanía", que me ubica en un
espacio anterior a toda historia reconocida:

> *Serpiente alada*
> *que atraviesa el cielo*
> *y busca*
> *los talones del cazador*

Danzante se toma su tiempo en configurarse. Como buen
discurso fundacional integra elementos de la cacería al comenzar: "Alerta el ojo/el tiempo/la cabellera invisible/entre
las ramas del cazador/Fracturado/Sólo en la totalidad se
nombra". Ahora sí, estamos dentro del texto y aparece el
título: *Danzante de doble máscara*. Pero no, sale al encuentro del lector/a una "Canción de Nguillatún", en lengua ma-
puche con su traducción; dice:

> *(La tierra clara como el día*
> *baja hacia mí mi ensueño*
> *Monta tu brioso caballo.*
> *Visión milagrosa, visión*
> *milagrosa del ensueño.)*

Fragmento tras fragmento, va construyendo su texto
Bellessi, creando una nueva forma poética, fracturada, creando un género híbrido: intenta plasmar sobre la página, la
identidad del ser latinoamericano, construida de recortes, de
acumulaciones, de fragmentos, de interrupciones y violen-
cias; con jirones de filosofías, mitos, historias, geografías y

biografías, en una audaz sintaxis inventada, conscientemente balbuceante. Sexo, raza, geografía, historia y mito lo configuran al *Danzante*.

Antes de seguir, tratando de entrar al texto, porque aún estamos en las afueras, suspendidos/as, un desvío. Decía Octavio Paz hace algún tiempo: "Un arte realmente moderno sería aquel que, lejos de enmascarar el vacío, lo manifieste... Para el primitivo la máscara tiene por función revelar y ocultar una realidad terrible y contradictoria: la semilla que es vida y muerte, caída y resurrección en el ahora insondable. Hoy la máscara no esconde nada. Quizá en nuestra época el artista no puede convocar la presencia. Le queda el otro camino, abierto por Mallarmé: manifestar la ausencia, encarnar el vacío"[13]. La doble máscara de *Danzante* incorpora ambos gestos: oculta y manifiesta la ausencia.

¡Adentro! Vamos a "la antigua travesía " en que aparece la "Amazona", la americana, primera parte, "Una":

Amazona

Tambores
batidos por el golpe
seco
de los pies sobre la arena
....
Serpiente
que desciende
al centro de la tierra
y una luna de agua
quemada en mitad del templo

La cacería empieza

Halcón de ópalo dorado
sobrevuela su cabeza

Ella danza
la antigua travesía.

Estamos en el territorio del mito y de la profecía; estamos en "Ivimare'i: Tierra sin mal" –y no hay certeza alguna, las preguntas abundan:

¿Adónde visión eterna
arena de licor y dela danza
llanto profético adónde

maloca de los pueblos consagrados
al éxtasis y la caza?

"En su origen poesía, música, danza, eran un todo", nos recuerda Octavio Paz, y Bellessi en este texto pone en escena esta tríada. Inscribe su *Danzante* en la tradición de la literatura latinoamericana que se gesta entre el mito y la historia. ¿Pero qué concepción del mito y cuál de la Historia? El mito aquí es estructura expansiva, más cercano a las preguntas esenciales que a sus respuestas; la mitología como parte dinámica de la historia. Tal vez por eso en el *Danzante* se nos hace caminar por entre retazos de unas y otras palabras, en un intento de recuperar una memoria, que se sabe fragmentada, y que sólo la ficción (las creencias puestas en escena por medio de la escritura), puede relacionar, para tratar de nombrar lo desconocido: el Nuevo Mundo. ¿Cómo contar esta compleja realidad –Nuestra América? parece ser la gran interrogante del poema. Por medio de múltiples narraciones, nos enseña esta "travesía bellessiana": por lo tanto la textura se hace compleja y resquebrajada a la vez; múltiples voces, tiempos, miradas, cuerpos, lenguas, discursos se entrecruzan en *Danzante*. Se exacerba la dificultad de re-contar un pasado huidizo, de contar un presente, por lo tanto, también incierto. Una certeza: el mestizaje –"Nosotros hijos de ambos corazones, de las dos profecías, los dos desengaños, herederos de la Aldea, sabemos que no hay un nuevo mundo para encontrar. Nosotros tenemos que fundarlo"[14]. ¿Cómo lo funda una poeta latinoamericana? Desde su centro mujer, con la Amazona adelante, y en la lengua-madre mestiza. ¿Es este un poema sobre la memoria de un pueblo o es este un poema sobre la identidad de una mujer latinoamericana escribiendo en castellano? –lengua prestada/impuesta que no alcanza a nombrarla o que la desfigura con los códigos de Otra realidad, de Otro sexo, de otra relación. De ahí el forcejeo, la búsqueda feroz, la necesidad de entrar y salir de la lengua extranjera, y el dejarse llevar por la "ciega travesía del instinto", cuerpo a cuerpo. Así el texto se abre a diferentes formas y discursos, a diferentes ritmos y músicas. La razón científica y la razón mágica se aúnan, y la poeta se somete al deseo de re-construir la historia; aunque consciente de la imposibilidad de hacerlo, se instala en una realidad mágica, realidad mítica, recuperación de lo humano: el poema. La segunda parte del libro da aún más énfasis a ese caminar "a través de los fragmentos":

> *Camino a tientas*
> *tras un fulgor*
> *de sangre y de pedazos*
> ....
> *Asiento de extranjeros y aborígenes*
>
> *nocturna ave augural*
> *lechuza y colibrí*
> *avecilla alada*
>
> *Signo vivo y textual del paisaje*
>
> *Vasija funeral*
> *que da la vida o la saca*
>
> *El Nuevo Mundo*
> ....
> *todavía sin palabras*

La saga prosigue con el largo viaje de "Ulrico", tecera parte de *Danzante*: son "(Textos para una ópera de cámara)". Pareciera que la gesta del héroe europeo, no pudiera contarse sino en forma de ópera: las crónicas de Ulrico Schmidel son "como trampolín para signar a la conquista". Es una larga saga que en su última escena presenta un "Ritornello" en el cual, la Amazona reaparece con la máscara del Culebrero –ambos convertidos en un sólo personaje. "La Amazona recupera su voz. Fagocita a Europa y se adueña de la escena". *Ava*, que significa persona, en lengua guaraní, es la última palabra coreada en escena y así termina la ópera; en el epílogo, Ulrico solo, confiesa que nunca regresó a Europa.

Pero la travesía no acaba ahí, falta el presente, la realidad más tangible, que la da la historia Oral. El libro termina con una crónica de familia, la de los inmigrantes italianos que vinieron a "hacer la América": "Con voz en bandolera/ mi padre cuenta: ellos inventaron un país sin saberlo"[15]. Otro ritmo, otra música; ahora estamos en América del Sur, en Argentina con bandoneón y todo, en que las palabras italianas, guaraníes, quechuas se mezclaron desde niña en el alfabeto de la poeta; y ahora ella también canta con humildad y sabiduría:

> *No tengo saga que contar*
> *ni epopeya*
> *sostenida con la espada*
> *en el anca briosa de una yegua.*
>
> *Pero sí*
> *un puñado*
> *de historias que rescatar*
> *donde se cuentan*
>
> *para memoria de la Aldea*

"Un puñado de historias que rescatar", lugar de la "travesía bellessiana", que no es el de *la* Historia. Abreviando, rellenando, interrogando, re-escribiendo, revisando, buscando esa palabra híbrida que la represente, formando imágenes que no resulten predecibles y que despojen a las palabras de sentidos predecibles, cuenta la poeta su historia.

¿Qué hace una crítica ante aquella palabra que altera el orden? Se regocija y se pregunta una vez más: ¿Quién mira, quién es mirada? ¿Quién la habitante, quién la habitada? ¿Quién conoce, quién reconoce, se reconoce? "¿Cómo distinguir el danzante de la danza?"[16] ¿Cómo se "vuelve a casa", después de esta larga travesía?

"Caminando la tierra", me responde Diana Bellessi. "Tierra como historia y suelo y fragmentación. Tierra que devuelve memoria o que la inventa. Gente, palabras. Un origen capaz de asentar una noción de futuro dentro del propio imaginario... Tener un lugar donde se vive y un silencio con voces murmurando dentro, con un espíritu invisible que habla en la oreja y no se puede entender; tener una lengua y una historia escrita, una cultura representada que viene de muy lejos, de los barcos"[17]. ¿Será esa la travesía?

Notas

1   Diana Bellessi, escritora argentina, nació en Zavalla provincia de Santa Fe, Argentina, en 1946. Ha publicado: *Destino y propagaciones*, Casa de la Cultura de Guayaquil, Ecuador, 1970; *Crucero ecuatorial,* Ediciones Sirirí, Buenos Aires, 1981; *Tributo del mudo*, Ediciones Sirirí, Bs. As. 1982; *Contéstame, baila mi danza*, (Selección, versión y notas de una antología de poetas norteamericanas contemporáneas), Ediciones Ultimo Reino, Bs. As. 1984; *Danzante de doble máscara*, Ediciones Ultimo Reino, Bs. As. 1985; *Paloma de contrabando*. (Recopilación y notas de textos escritos en cárceles de Buenos Aires), Editorial Torres Agüero, Bs. As.,1988. *Eroica*, coedición Tierra Firme/ Ultimo Reino, Bs.As., 1988. Diana Bellessi ha sido antologada en diversos libros y revistas de Latinoamérica y U.S.A., país este último donde su obra ha sido traducida al inglés, por Janet Brof, New York y Ursula Le Guin, Seattle, entre otras. Su libro más recientemente publicado se titula *El jardín*, Editorial Bajo la Luna Nueva, Rosario, Argentina, 1992.

2   Humberto Díaz Casanueva, "Interpretación de un poema de Rosamel del Valle", *Revista Nacional de Cultura*, Núm. 268, p. 34.

3   Gabriela Mistral, "La Flor del Aire", *Tala*, Ed. Porrúa, Mexico 1981, p.131.

4   Diana Bellessi, *Buena travesía, buena ventura pequeña Uli*, Nusud,

Bs.As., 1991. Este libro data de 1974.

5   Patricio Marchant, *Sobre árboles y madres,* Ed. Gato Murr, Stgo. 1984, p. 127.

6   Pablo Oyarzún, "Traición, tu nombre es mujer", *Ver desde la mujer,* Olga Grau, ed., Ed. Cuarto Propio, Santiago, 1992, p. 155.

7   Diana Bellessi, *Lo propio y lo ajeno,* texto inédito.

8   Noemí Ulla, "Tributo del Mudo", reseña crítica; ver también: "Nadie entra aquí con las palabras", reseña crítica de Mirta Rosemberg, en *Cultura,* Rosario, Argentina, Domingo 15 de agosto de 1982.

9   Emily Dickinson, en: Susan Howe, *My Emily Dickinson,* Berkeley, Ca., 1985, p.13. Muchas de las reflexiones sobre poesía de mi texto, se las debo al texto de Howe recién citado.

10 Diana Bellessi, *Contéstame baila mi danza,* dedicatoria.

11 Pablo Oyarzún, *Ver desde la mujer,* p. 143.

12 Diana Bellessi, *Contéstame baila mi danza,* p. 10.

13 Octavio Paz, *Corriente alterna,* Siglo xxi Eds., México, 1969, p. 30.

14 Diana Bellessi, *Danzante de doble máscara,* p. 111.

15 Bellessi, p. 122.

16 W.B. Yeats, "Among School Children", en: *Selected poems and two plays of William Butler Yeats,* ed. M.L. Rosenthal, New York 1966, p. 105 (traducción mía).

17 Diana Bellessi, *Lo propio y lo ajeno,* texto inédito.

FENIX-CAMAQUEN: EL AMARILLO OSCURO DE SOLEDAD FARIÑA
(1994)

> *"Recuerdo gestos de criaturas*
> *y son gestos de darme el agua".*
>
> Gabriela Mistral

> *"Sitting like a stone in this place, in*
> *this ground, in this Valley. I have*
> *come where I was going".*
>
> Ursula Le Guin

> *"All things yellow are good, the Pueblo*
> *people say...".*
>
> Lorna Dee Cervantes

Comienzo con tres citas de escritoras de las Américas, de distintas Américas, por cierto, pero las tres, unidas y adheridas a la palabra mestiza; resueltas a forzar el lenguaje para descubrir otra lengua, ésa que las conecta con un origen, que las libera del lenguaje colonizador, que les permite abrirse a otra realidad: una realidad sumergida, pero viva, que ellas recorren con la mirada atenta a un paisaje concreto, que a su vez contiene una América muy antigua, un continente original que sólo puede aflorar en la palabra poética. Las convoco a las tres, porque leo en ellas correspondencias, y en relación a la obra de Soledad Fariña, veo que se adelantan a su intento de decir "ese sentido que para nosotros no tiene sentido"; constituyen pues, referentes de la obra de la poeta chilena.

Una manera de abordar el texto de Soledad es el de referirme al mestizaje de su palabra, a la intención deliberada de su trabajo escritural; me ciño a lo que ella misma declara:

"Mi trabajo poético se inscribe en la pregunta por la identidad, la memoria y la producción simbólica en nuestro continente. Desde los primeros cronistas indígenas o mestizos –que escribieron en lengua castellana, las interrogantes sobre nuestra cultura mestiza se han planteado, en forma más o menos explícita, en muchas de las obras escritas en Latinoamérica y el Caribe".

Dentro de ese marco referencial, la palabra de Fariña, su expresión americana, se encuentra cruzada por diferentes sintaxis; su palabra está plena de símbolos, colores, imágenes naturales que ella juxtapone, para forzar el lenguaje que la atrapa, por estar éste ceñido a códigos que no alcanzan a decir esa antigua realidad. Por eso leo la poesía, en este texto, como un comienzo, una hoguera de fuego, una poesía apasionada, cuyas imágenes son el combustible abundante y preciso para que la imaginación alcance su cima. En este texto, tanto el Fénix del vuelo creador, como el "camaquén" o fuerza vital de la creación, están presentes en íntima correlación, pero sin ser pronunciados, sólo encarnados en las voces mixtas que componen el libro.

Para ir entrando en el texto, primero quiero referirme a dos elementos de este libro que también, pensándolo más, tienen sus orígenes en la tradición pre-colombina. La pintura y la miniatura.

LA PINTURA:

Es de todos conocido, la importancia del dibujo y la pintura en el mundo precolombino, que "queda evidenciada en la obra de Guaman Poma de Ayala, quien ofrece un texto complementario en láminas en su larga carta al rey, lo mismo sucede con los informantes indígenas de Sahagún quienes le pintan su historia"; de la misma manera "coloreando el oscuro", Fariña pinta su palabra balbuceante en busca de la forma que la exprese. Para ello indaga en el paisaje, ve en el paisaje como diría J.L. Ortiz "todas las dimensiones que lo trasciende o... lo abisma".

Me detengo en el paisaje poético. En el pórtico del libro, una "mariposa nocturna" me desafía a recorrer desde el seno de un abismo insondable, una interioridad, y surge la duda, la pregunta: "donde están dentro de este vacío/ me pregunta sin aire buscando azules verdes"; la función perceptiva se agudiza al constatar en el verde que no está, el vacío que se produce al internarse uno en la incertidumbre de un paisaje desconocido. Para percibir mejor se hace necesario afinar los sentidos todos; en ese intento, la voz poética se conecta con el recuerdo de "colores nunca vistos", "con sabores muy antiguos". Luego se abrirá a otra pregunta que produce el movimiento provocado por el deseo de descubrir, de saber : "¿en qué hueco en los dientes/ se alojaba la lengua/cuando nombraba el rojo?". Al aparecer el color rojo, que teñirá de granates, púrpuras, escarlatas, este primer movimiento, esta primera mirada sobre el paisaje; el rojo enciende la palabra y transforma la imagen concreta, en un sugerente paisaje del alma apasionada, impaciente.

El movimiento que se produce es doble y se da en espiral; hacia abajo en un comienzo, a las profundidades cavernosas, para luego ascender "al armazón de mis ramas", para entrar al "caracol de la oreja". El caracol también es espiral, y es palabra repetida a saciedad en el libro, para sugerir el movimiento constante del ir y venir del hálito vital; a veces es como una danza que conmueve a la hablante buscadora, con el fin de cumplir una de las funciones creadoras, que es la de desatar la palabra y hacerla poética.

LA MINIATURA:

Ante la inmensidad del paisaje, de la Tierra sagrada, ante la inmensidad de la cosmovisión andina, ante la inmensidad de las preguntas que surgen al contemplar el mundo andino, tal vez indescifrable para la mirada occidental, centrada en la filosofía europea, la poeta intenta darle sentido

al sin sentido, desde poemas-miniatura. Son poemas inten-
cionadamente pequeños, palabra sintética, depurada, en que
nada sobra, con el objeto de liberar la palabra de toda or-
namentación y así profundizarla para forzarla, para impreg-
narla de los detalles más delicados; detengámonos en una
de esas miniaturas:

> *Pac Pac pec pec*
> *respira el arcoiris soplando bocanadas*
> *al espiral de mi oreja*

> *Cu Cuy yut yut*
> *responde en serpentinas*
> *el caracol de mi boca*
> *recordando el sonido de los cielos calientes*

Y tal vez, con estos versitos podemos recomponer el sentido del libro entero. Dice Bachelard: "En la miniatura, lo
grande sale de lo pequeño, no por una ley lógica de una
dialéctica de los contrarios, sino gracias a la liberación de
todas las obligaciones de las dimensiones, liberación que es
la característica misma de la actividad de imaginación". Es
así que en este texto miniatura, "En amarillo oscuro", está
presente la inmensidad y la complejidad de la cosmovisión
andina, tal como estaría presente en una vasija de barro, en
una bolsita llena de figuras representando lo sagrado del
mundo circundante, como en los tapices cuyos dibujos co-
loreados representan la armonía del mundo natural, o como
en los libritos indígenas, que en sus pequeños dobleces
guardan secretos antiquísimos, claves infinitas del ser in-
doamericano.

En los versos recién citados, escuchemos el sonido "Pac
pac pec pec", onomatopeya que reproduce el sonido del
pájaro de la noche, la lechuza; de este modo, es el sonido
el que alcanza el caracol de la oreja primeramente, pero no
basta con sólo oír; en el segundo verso se confunden si-
nestésicamente el sonido con el aire, y se establece una
correlación estrecha entre la sensación táctil, la auditiva y

la visual. Fariña ha logrado plasmar, en su palabra poética la fluidez y la unidad indisoluble de la cosmovisión andina, en que espíritu-alma, no se separan ni de cuerpo, ni de materia natural. A lo mejor conviene detenerse en una leyenda andina para entender las correspondencias de fuego, aire, tierra, agua, tiempo, alma, cuerpo, pensamiento, intuición, que aparecen en las apretadas imágenes del libro. Cito: "Una leyenda andina señala que en el mundo de adentro Ukupacha andan dos gigantescas culebras, una con una sola cabeza. Yacumama que es la madre de las plantas. Cuando estas serpientes aparecen en la superficie de la tierra –este mundo o Kaypacha– se convierten en inmenso río o Yacumama o en gigantesco árbol o Sacha Mama, el primero repta y el otro camina sencillamente. De pronto ascienden al firmamento y entonces Yacumama se convierte en el rayo o relámpago y Sachamama en el arcoiris". Como verán todos esos seres son metereológicos y por lo tanto objetos de culto. Como verán asímismo, toda esa cosmovisión está presente en los versos de Fariña.

La poeta, trata de re-producir, o mejor aún de pre-decir, lo que nunca fue, a través de la metonimia y la metáfora, simultáneamente, para acercarse a la visión abarcadora de la cultura precolombina. Leamos en la segunda estrofa de la miniatura citada anteriormente, y veamos como se vuelve a percibir con todos los sentidos en simultaneidad esos mundos profundos. Comienza nuevamente una onomatopeya, el sonido de un animal desconocido para nosotros:

Cu Cuy yut yut

responde en serpentinas
el caracol de mi boca
recordando el sonido de los cielos calientes

Pensemos que el elemento clave de toda correspondencia poética es la música; como bien lo sabía un poeta que también trataba de traspasar las limitaciones del lenguaje dominante para decir su palabra madre; decía Yeats: "no man can think or write with music and vigour except in his mother tongue... the rhythm is old and familiar, imagination must dance, must be carried beyond feeling into the aboriginal ice". De este modo también, el ritmo, la música que se escucha en los versos de Fariña, remiten a un origen ancestral y surgen del movimiento de objetos leves, como la mariposa oscura que abre el libro; otras veces, el sonido, la música que responde en serpentinas, surge del ruido del agua, de las serpientes sumergidas en el fondo de ellas, de los susurros de otra lengua anterior, que la poeta intuye y que vienen a desembocar en "el caracol" de la boca/oreja de la hablante lírica. ¿Cómo se logra reconectar con una memoria tan antigua, con una lengua sumergida? parece preguntar la hablante del poema. La respuesta viene tal vez en tres verbos importantes en la miniatura que he elegido: respirar, responder y recordar. Por eso importa empezar por escuchar atentamente el "Pac pac pec pec", porque permite acercar el oído a una respiración natural, que penetra íntimamente el espacio de la oreja. ¿Qué más revelación que el sonido en la entrada de la cavidad natural del sonido, ese caracol miniatura que lo magnifica, y nos invita a descender por debajo del umbral de la audición a escuchar con nuestra imaginación? ¿Acaso no nos muestra ese verso que el escuchar la noche, el tiempo de la noche, el tiempo de otro tiempo, es el escuchar la música del cielo encendido por la creación? "En la contemplación de la miniatura hace falta una atención que rebota para integrar el detalle", dice Bachelard; y es por eso que nos internamos entonces al caracol, para ver/escuchar.

Pero ¿qué hay dentro de ese caracol de la boca? Tal vez, sólo las imágenes que pueden poner en movimiento los verbos. Recordemos que: "El simbolismo de los antiguos hizo de la concha el emblema de nuestro cuerpo, que encierra en una envoltura exterior el alma que anima el ser entero". Aflora la escritura del cuerpo, en los versos de Fariña. Pero el verbo recordar nos remite a un tiempo más allá de lo cronológico, y hay resonancias: todo el libro trata de romper con el tiempo lineal y con las continuas oposiciones del orden occidental; la estructura del texto explicita el deseo de romper con códigos racionales, y también de alejarse de la separación/exclusión que impone la dualidad occidental.

Por el contrario, las correlaciones en este libro son constantes; cada parte se corresponde, cada verbo se ajusta al otro y cada palabra encaja con otra palabra, para traer la memoria antigua, evocada. Así el ritmo del libro es el de un movimiento oscilante, que sugiere el del agua, ya sea el del agua contenida en vasijas de barro, o el del agua de las profundidades de la tierra zigzagueando. Agua, metáfora de las fuentes de creación poética.

Pero es interesante constatar que el movimiento de la palabra creadora, del sonido del movimiento acuoso de la última parte del poemario, no asciende como en la poesía occidental, trascendental, sino que la hablante del texto poético busca sentidos y sus cauces, bajando a la tierra y más abajo aún, a las oquedades llenas de agua: "Desciendo a mi guarida nocturna/ ojo de agua/ aire de agua/ vertiente de agua/ busco". Fariña hace el gesto inverso al poeta visionario que asciende a las alturas para dominar la Naturaleza, para imponer el saber y la ley desde ese promontorio que él declara sagrado.

Muy por el contrario, Soledad Fariña crea una voz poética móvil que se desliza en consonancia con la naturaleza, con sus animales, con los sonidos, los colores, y busca la fusión con un orden natural, orden anterior, matrístico; es así como ilumina su mirada, su palabra; en este movimiento no hay visión totalizadora, no hay exclusión de nada, sino que hay integración. Al sumergirse en las entrñas de la tierra pasa a ser parte de un todo sagrado, que es el lugar del origen, "pacarisca", donde los opuestos, como su lengua bicéfala se complementan. La dualidad indoamericana no es excluyente, por lo tanto, luz y sombra convergen, el rojo del fuego creador se tansforma en llama amarilla; se transforma en pórtico a la luz del entendimiento y de la creación. En la cosmovisión precolombina: en "el principio todo estaba en suspenso, todo en calma, todo en silencio..." *Popol Vuh*, referente de los libros que anteceden a éste en la trilogía de Fariña. *En amarillo oscuro*, viene a completar el viaje al interior de la palabra buscando el origen.

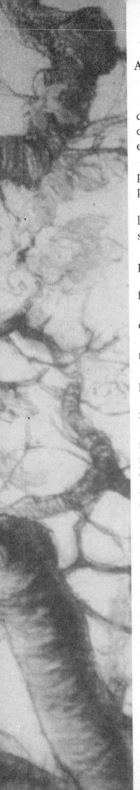

AGRADEZCO

A mi familia por su apoyo y cariño incondicionales; a mis sobrinos Rodrigo, Carlos Andrés y Manuel, por su pensar abierto y por su esperanza.

A Patricia González, por Camilo Arcadio, y por la osadía de iniciarnos en la aventura de la palabra femenil.

A Alberto Sandoval y Juan Gelpí gracias por las complicidades, y por un diálogo que me ha sustentado todos estos años.

A Evelyn La Russe por la amistad que acompaña y sana.

A Joan Ciruti por el apoyo y dirección profesional en Mount Holyoke.

A Gabriela Mora y Sara Castro-Klarén por su estímulo desde los inicios.

A Eugenio Suárez-Galbán y Carmen Ana Sierra por haber abierto tantas puertas.

A Pedro Barreda por haber apreciado la poesía en medio de la nieve de Massachusetts.

A Bob Márquez por estar ahí en los comienzos y en el ahora.

A quienes me facilitaron el volver a Chile y me ayudaron a permanecer –por esos diálogos necesarios– Delia Domínguez, Olga Grau, Raquel Olea, Soledad Bianchi, Margarita Pisano, Ana María Noé, Ivette Malverde, y Jaime Landa.

Especiales gracias a Soledad Fariña, Diana Bellessi y Elena Aguila, por su constante estímulo para que publicara este libro, por sus comentarios, sus sugerencias y conversaciones, en fin, por su acompañamiento.

A las escritoras que nos siguen: Alejandra Farías, Lina Meruane, Bernardita Llanos, Nadia Prado y Malú Urriola, por su filiación y cuestionamiento.

A Daniela Montecinos por "La Higuera", fecunda en humanidad como todo su arte, por el cariño y alegrías compartidas.

A mis alumnas/os del pasado y del presente, por señalarme el camino de la duda más de una vez.